데이터 리터러시

인공지능총서

인공지능 시대입니다. 기계가 인간의 인지를 대신하고, 사물이 인간을 통하지 않고 다른 사물과 직접 커뮤니케이션합니다. 이에 따른 인간 삶과 문명 변화를 정확히 이해 · 예측 · 대응하는 것은 이 시대 우리 모두의 과제입니다. 인공지능총서는 인공지능 기술과 환경의 여러 주제를 10가지 키워드로 정리합니다. 관련 개념과 이론, 학계와 산업계의 쟁점, 우리 일상의 변화를 다룹니다. 인간과 기술의 현재, 미래를 세심히 분석합니다.

일러두기

- 인명, 작품명, 저서명, 개념어 등은 한글과 함께 괄호 안에 해당 국가의 원어를 병기했습니다.
- 외래어 표기는 현행 어문규정의 외래어표기법을 따랐습니다. 다만 '솔루션', '파이썬' 등은 관행을 따랐습니다.

처음이세요?

전문가세요?

데이터 리터러시

김윤명

대한민국, 서울, 커뮤니케이션북스, 2025

데이터 리터러시

지은이 김윤명
펴낸이 박영률

초판 1쇄 펴낸날 2025년 9월 25일

커뮤니케이션북스(주)
출판 등록 2007년 8월 17일 제313-2007-000166호
02880 서울시 성북구 성북로 5-11
전화(02) 7474 001, 팩스(02) 736 5047
commbooks@commbooks.com
www.commbooks.com

ISBN 979-11-430-0541-0 03500

책값은 뒤표지에 표시되어 있습니다.

차례

왜 데이터 리터러시인가?

논의를 시작하며

논의의 필요

지구상에 존재하는 모든 것은 데이터다. 데이터가 모든 것을 가능하게 하는 세상이다. 특히 AI를 구성하는 기본이 되는 것이 데이터다. AI는 데이터의 특징을 학습함으로써 인간처럼, 아니 어쩌면 인간보다 더 현명하게 다양한 것을 만들어 낼 것이다. 인공지능 분야에 국한된 것은 아니지만, 데이터를 다루고, 그 내용을 분석해 이해하는 제반 과정을 데이터 리터러시(Data Literacy)라고 할 수 있다. 데이터에 대한 이해, 데이터와 관련된 법적, 윤리적, 기술적 대응을 통해 데이터 전략과 정책을 수립함으로써 데이터를 효과적으로 이용할 수 있도록 하는 것이다. 물론 기업의 데이터 전략과 국가의 데이터 전략에는 차이가 있다. 전략과 정책은 방향을 제시하고, 이를 실천하는 일련의 체계다. 이를 제대로 설계하지 않으면, 데이터 정책의 정합성을 찾기 어렵다. 정책과 전략을 포함해 데이터 전반을 아우르는 데이터 거버넌스(data governance)는 그런 의미에서 기업이나 국가의 최고 의사 결정을 내릴 수 있는 환경을 마련하자는 것이다. 데이터 리터러시는 인공지능을 보다 효율적이고 지능화하게 하는 것이라는 점에서 데이터가 가질 수 있는 편향이나 차별 등 법적 이슈를 해소하는 것이 필요하다. 이를 위한 데이터 윤리는 중요하다. 또한 데이터 사일로(Data Silo)로 인한 벽을 허물고 공개함으로써 효율적인 데이터 정책을 이끌어 갈 수 있다.

블랙박스로서 AI

무엇보다 인공지능이 가져온 현실에 대해 어떻게 이해하고, 그 과정에서 인간과 기계의 관계를 어떻게 정리해야 할지 모호한 상황이다. 단순히 기계적이거나 문언적으로 이해한다면 인공지능은 아무것도 없는 무념의 것이다. 아무것도 없음에도 그 본질은 어마어마하다. 인류사의 모든 기록을 학습할 수 있기 때문이다. AI 모델을 구축한 사업자들도 그 규모를 가늠하기 쉽지 않을 것이다. 인간의 학습은 문화적인 향유를 넘어, 자신의 것을 만들기 위한 것이기도 하다. 학습이자 교육이자 훈련이다. 그 과정을 거치면서 인간은 자신의 것을 만들어 갈 수 있는 능력을 갖게 된다.

기계도 마찬가지다. 인간의 훈련 방식과 다르지 않다. 인간이 수천 년 아니 수백만 년 이전의 원시 조상으로부터 전수받았던 방식과 다르지 않다. 기록으로 남겨져 있거나, 구전으로 전승되거나, 아니면 DNA에 내재되어 있다. 우리의 기억은 그것이 어떻게 작동하는지 잘 모른다. 뇌 임플란트를 심는다고 한다. 그러면 어느 정도 알 수 있을까? 그것이 인간을 이해하는 데 얼마나 도움이 될 수 있을지 의문이다. 기계의 가장 큰 한계는 '블랙박스'라고 한다. 내부적으로 어떤 결정을 내려서 인간이 요구한 답변을 가져다주는지 명확히 알 수 없거나 설명할 수 없기 때문에 붙여진 이름이다. 인간도 다르지 않다. 답을 내렸지만 부분적인 이해와 직관의 결과다. 인간의 의사 결정도 기계와 크게 다르지 않다. 기계의 작동 원리를 명확하게 알 수 있다고 해서 문제가 없어지는 것은 아니다. 일종의 희망이자 기대다. 그래서 나온 개념이 설명 가능한 AI다. 인간 자신도 명확히 설명하지 못하는 것을 AI에게 요구하는 것이 합리적인지는 의문이다. 왜 기계나 로봇은 명확해야 할까? 왜 그것을 기대하는 것일까?

AI 로봇의 한계

로봇은 전능한 존재가 아니다. 인간이 학습시키고 훈련시킨 존재일 뿐이다. 그 상태에 적합한 법과 제도를 적용해 인간이 살아가는 세상에서 어떠한 역할을 하게 할 것인지 고민하면 될 일이다. 그 책임의 처음과 끝은 로봇이나 기계가 아니다. 그것을 만들고, 훈련시키고, 그 결과를 이용하는 사람의 몫이다. 반려동물이 일으킨 사고의 책임은 누구에게 있을까? 인간보다 더 명석한 로봇이 내린 의사 결정이나 행위에 따른 책임은 누구에게 귀속될까? 인간이다. 인간들 사이에는 다양한 법률 행위가 매개하고, 행위에 따른 책임을 묻는다. 행위 하나하나를 따지기는 쉽지 않다. 예를 들면, 누가 제공한 데이터를 기반으로 학습했는지, 그 데이터가 편향되지 않았는지를 확인해야 한다. 쉽지 않은 일이다. 인간이 만들어 놓은 수많은 기록은 맥락에 따라 의미가 달라지기 때문에 이를 명확하게 정리할 수 없다. 그것이 한계다. 한계를 인정하고, 문제를 정의하고, 그 정의에 따라 답을 찾고 만들어야 한다. 그것이 법학자의 역할이고, 정책 하는 사람의 몫이다. 그러기 위해서는 먼저 AI라는 흐름에서 벗어날 필요가 있다. 한 발짝 떨어져 볼 수 있다면 문제와 해결 방안은 자연스레 다가올 것이다.

데이터 리터러시

데이터 리터러시를 다뤄야 하는 이유

데이터 리터러시를 다뤄야 하는 이유는 크게 두 가지로 요약할 수 있다. 무엇보다 데이터에 담겨 있는 정보 해석과 활용 능력을 향상하는 데 있다. 데이터 리터러시가 중요한 이유 중 하나는, 사람들이 데이터를 이해하고 해석하는 능력을 키울 수 있기 때문이다. 데이터를 정확하게 해석하는 능력은 의사 결정, 문제 해결, 예측 등 다양한 분야에서 중요한 역할을 한다. 올바른 데이터를 잘 해석하지 못하면 잘못된 결정을 내리거나, 부정확한 정보에 기반한 행동을 할 수 있다.

다음으로, 데이터는 디지털 사회에서 경쟁력 그 자체이기 때문이다. 현대 사회는 점점 더 많은 데이터를 생산하고 있으며, 이에 대한 이해와 활용 능력이 개인과 조직의 경쟁력을 좌우한다. 데이터 리터러시는 기술 발전과 경제 변화에 적응하고, 데이터 기반의 혁신적인 아이디어나 전략을 수립하는 데 필수적이다. 데이터의 의미를 정확히 이해하고, 이를 분석해 실용적인 정보를 도출할 수 있는 능력이 중요하다.

지향하는 가치

데이터 리터러시의 핵심은 데이터가 제공하는 정보를 단순히 받아들이는 것이 아니라, 이를 이해하고 분석해 의미를 도출하고, 그 정보를 바탕으로 현명한 결정을 내릴 수 있는 능력이다. 이를 통해 사람들은 데이터를 읽고 해석하며, 복잡한 문제를 해결하는 데 필요한 정보와 통찰을 얻을 수 있다. 현대 사회는 데이터가 모든 영역에 영향을 미친다. 기업, 정부, 개인 모두 데이터 기반의 의사 결정을 통해 경쟁력을 얻고, 효율성을 높이며, 투명성을 보장하려는 노력이 필수적이다. 데이터 리터러시는 비판적 사고를 촉진하는 중요한 도구이기도 하다. 데이터를 해석할 때, 단순히 수치나 결과를 받아들이는 것에 그치지 않고, 데이터가 어떻게 수집되고 어떤 맥락에서 생성되었는지에 대한 이해가 필요하다. 이를 통해 사람들은 데이터에 숨겨진 의미와 배경을 파악하고, 잘못된 정보나 왜곡된 해석을 피할 수 있다. 디지털 기술이 발전하면서, 데이터는 개인이나 조직의 중요한 자원으로 자리 잡았다. 데이터 리터러시는 사람들이 정보와 기술을 적극적으로 활용하고, 디지털 사회에서 효율적으로 참여할 수 있는 능력을 키운다. 이는 정보의 민주화와 투명성을 증진하며, 모든 사람이 데이터를 통해 의사 결정에

참여할 수 있도록 만든다. 데이터 리터러시는 단순히 데이터를 이해하는 능력을 넘어 그 데이터를 책임감 있게 활용하고, 보다 나은 결정을 내리기 위한 필수적인 자질이다.

이 책의 구성

이 책은 데이터 리터러시 관련 이슈를 하나의 틀로 정리한 것이다. 10개의 장은 다음과 같다.

1장 데이터 리터러시는 데이터를 단순히 해석하는 능력에 그치지 않고, 데이터를 수집하고 정제하며 분석해 의미를 도출하고, 이를 바탕으로 비판적이고 책임 있는 결정을 내릴 수 있는 통합적 역량을 의미한다. 현대 사회에서 데이터는 경쟁력의 핵심 자산이자 의사 결정의 기초가 되므로, 개인과 조직 모두가 데이터 리터러시를 갖추는 것이 필수적이다.

2장 데이터 윤리는 데이터의 수집, 분석, 활용, 폐기에 이르는 전 과정을 윤리적 기준에 따라 관리하는 체계를 의미한다. 이는 개인정보 보호, 알고리즘의 공정성, 데이터 편향 문제 등 사회적 책임과 밀접하게 연관되며, 데이터 리터러시의 핵심 기반으로 작동한다. 데이터 윤리는 데이터의 신뢰성과 정당성을 확보하기 위한 필수 조건이다.

3장 데이터 저작권은 데이터를 법적으로 보호하고, 데이터 창작자나 소유자가 정당한 권리를 행사할 수 있도록 하는 법적 장치다. 단순 데이터는 저작권 보호 대상이 아니지만, 데이터베이스 구조나 가공된 분석 결과는 보호될 수 있으며, 재사용과 공유 시 저작권 침해 여부에 대한 고려가 필요하다. 특히 공공 데이터와 개인정보가 포함된 데이터는 특별한 주의가 요구된다.

4장 데이터 계약은 데이터의 거래와 활용에 관한 권리 · 의무를 명확히 규정하는 법적 합의로, 데이터의 소유권, 사용 범위, 보안 조치, 계약 위반 시 책임 등을 포함한다. 특히 국경 간 데이터 이동, 개인정보 보호, 재사용 조건 등 다양한 법적 쟁점을 포괄하며, 데이터를 합법적으로 활용하고 분쟁을 예방하는 핵심 수단으로 기능한다.

5장 데이터 사일로와 문화는 조직 내 데이터가 부서 단위로 분절되어 통합적 관리와 활용이 어렵게 되는 현상을 의미하며, 이는 협업 저해, 중복 작업, 데이터 품질 저하를 초래한다. 이를 해결하기 위해 데이터 통합 플랫폼, 표준화, 클라우드 기반 인프라와 함께, 데이터 공유를 장려하는 조직 문화와 정책적 지원이 필요하다.

6장 데이터 전략과 정책은 각각 장기적 방향성과 구체적 실행 계획을 의미하며, 기업과 국가의 데이터 활용 역량을 결정짓는 핵심 체계다. 전략은 경쟁력 확보와 혁신을 위한 방향을 제시하고, 정책은 법적 · 윤리적 규범하에서 이를 실현하기 위한 구체적 도구로 작용한다. 양자의 유기적 결합은 데이터 생태계의 지속 가능성을 담보한다.

7장 데이터 거버넌스는 조직 내 데이터의 품질, 보안, 접근성, 책임성을 확보하기 위한 관리 체계로, 데이터 정책을 실현하는 실행적 장치다. 데이터 표준화, 접근 제어, 개인정보 보호, 책임자 지정 등의 요소가 포함되며, AI 및 데이터 기반 의사 결정의 신뢰성과 정합성을 유지하기 위한 필수 인프라다.

8장 데이터 사이언스와 CDO(최고 데이터 책임자)는 기술과 전략의 양축을 구성한다. 데이터 사이언스는 머신 러닝, 통계학, 도메인 지식을 바탕으로 데이터를 분석하고 인사이트를 도출하는 학문이며, CDO는 조직의 데이터 전략 수립과 실행을 총괄하는 리더다. 데이터 기반 조직으로의 전환을 위해 이 두 주체의 긴밀한 협업이 요구된다.

9장 데이터 민주화는 데이터를 특정 전문가나 조직에

한정하지 않고, 모든 개인이 자유롭고 공평하게 접근하고 활용할 수 있는 환경을 조성하는 것을 의미한다. 이를 통해 조직 내외에서 자율적인 데이터 활용과 창의적 문제 해결이 가능해지며, 데이터 기반 문화 형성과 사회적 혁신을 촉진하는 핵심 기제로 작용한다.

마지막 시사점은 이 논의를 통해 얻을 수 있는 가치와 철학에 대해 정리했다. 데이터 리터러시가 단순한 기술 숙련을 넘어, 사회적 책임과 윤리적 판단, 법적 이해가 통합된 문화로 확립되어야 한다는 점을 강조한다. 데이터는 이제 개인과 사회, 국가의 의사 결정에 중대한 영향을 미치는 자원으로, 그 활용에는 비판적 사고와 공공성, 법적 준거가 동반되어야 하며, 이를 실현하는 것이 미래 사회의 지속가능한 발전을 위한 과제다. 이러한 전반적인 이슈를 중심으로 데이터 리터러시에 대해 이해할 수 있을 것이다.

여러 해 동안 공부했던 데이터 리터러시 관련 이슈를 하나의 틀로 정리한 것이다. 다양한 이슈를 정리한다는 것이 어떠한 의미를 가질지 확인하기 어렵다. 다만, 인공지능 및 이와 관련된 다양한 이슈는 여전히 고민스러운 주제다. 아마도, 인공지능이 나의 권리를 법적으로 요구하는 상황이 올 때까지 필요한 논의가 아닐지도 모르겠다. SF(science fiction, 과학소설)에서 묘사된 로봇의 모습이 출현할지도 모르기 때문이다. 물론, 가망도 없는 소리라고 주장할 수도 있다. 그렇지만 상황이라는 것은 여러 가지 대응이 필요할 수도 있다. 그저 바라만 볼 수 없는 것이 인공지능의 발전과 그 모습이기 때문이다.

이 책에서 논의되는 것도 다양한 의견 중 하나로, 언젠가 기술 발전과 사회적 합의를 통해서 답을 만들어 갈 수 있기를 희망한다.

2025년 6월 3일
파랑새의 '세상은 바뀌었다'는 말을 바람이 해 준
그날 김윤명 씀

01
데이터 리터러시

데이터가 새로운 자원으로 부각되면서
데이터에 대한 이해와 활용 능력이 필수적인
시대가 되었다. 데이터를 원유에 비유한다.
원유를 제대로 정제하지 못한다면 부가가치를
창출할 수 없다. 데이터도 다르지 않다.
데이터를 제대로 다룰 수 있는 능력인 데이터
리터러시는 기술적인 방법뿐 아니라
법적으로도 문제가 없는지 살필 수 있어야 한다.

AI와 1인 창업?

데이터 리터러시의 의의

데이터 리터러시는 데이터에 담긴 특징을 분석해 내거나, 데이터를 활용해 문제를 해결하는 능력을 말한다. 기본적으로 데이터 리터러시는 데이터에 대한 이해와 활용을 전제한다. 또한 데이터를 이용함으로써 어떤 효과를 기대할 수 있는지에 대한 것이기도 하다.

기업과 정부는 데이터 분석을 통해 전략을 수립하고, 개인은 데이터를 바탕으로 정보에 입각한 결정을 내려야 한다. 데이터 리터러시가 부족할 경우, 가짜 정보에 휘둘리거나 잘못된 의사 결정을 내릴 위험이 높아진다. 단순한 데이터 수집이 아니라, 데이터를 해석하고 적용하는 능력이 더욱 중요해지고 있다. 이러한 환경에서 데이터 리터러시는 단순한 기술 습득이 아니라, 비판적 사고와 윤리적 판단을 포함하는 개념이다.

핵심 요소

데이터 리터러시를 위해 갖추어야 할 역량은 데이터 수집, 정제, 분석, 시각화 및 이러한 요소를 바탕으로 의사 결정을 내리는 능력이다. 또한 데이터를 다루는 과정에서 발생할 수 있는 법적, 윤리적 문제에 대응할 수 있는 능력도 필요하다. 기술적으로 문제없는 것으로 판단되

더라도, 실제 법적인 측면에서 허용되기 어려운 결과도 발생하기 때문이다.

데이터 수집과 정제

데이터 수집은 분석의 첫 번째 단계로, 적절한 출처에서 신뢰할 수 있는 데이터를 확보하는 것이 중요하다. 수집한 데이터가 정확하고 신뢰할 수 있음을 보장하려면, 데이터의 출처와 품질을 꼼꼼히 검토해야 한다. 수집된 데이터는 대부분 오류를 포함하고 있기 때문에, 이를 정제하는 과정이 필수적이다. 정제 과정에서는 결측값을 처리하고, 이상치를 제거하며, 중복된 데이터를 정리하는 등의 작업이 이뤄진다. 이러한 과정을 통해 분석에 적합한 고품질 데이터를 만들 수 있으며, 잘못된 데이터는 분석의 정확성을 떨어뜨리기 때문에 철저한 정제가 필요하다.

데이터 분석과 해석

데이터 분석은 주어진 데이터를 통해 의미 있는 인사이트를 도출하는 과정이다. 이를 위해서는 통계적 기법이나 AI 기반의 분석 기법을 활용해 데이터를 해석하고, 그 속에 숨겨진 패턴이나 관계를 찾는 것이 중요하다. 통계학적 방법을 사용해 데이터 간의 상관관계나 트렌드를 파악할 수 있으며, 머신 러닝 알고리즘을 활용하면 더 복잡한 데이터 속에서 예측 모델을 생성하거나 중요한 변수들을 식별할 수 있다. 분석 결과를 도출한 후, 그 결과를 실제 상황에 맞게 해석하고, 이를 바탕으로 논리적인 결론을 내리는 것이 중요하다. 데이터 분석의 핵심은 데이터를 어떻게 해석하고 적용할 것인가에 달려 있다.

데이터 시각화

데이터 시각화는 복잡한 데이터를 시각적으로 표현해 사용자가 쉽게 이해하고 인사이트를 도출할 수 있도록 돕는 중요한 도구다. 데이터는 방대한 양의 정보와 복잡한 관계를 포함하고 있기 때문에, 이를 효과적으로 전달하기 위해서는 적절한 차트와 그래프를 사용해야 한다. 예를 들어, 막대 차트나 선 그래프는 데이터의 추세나 비교를 쉽게 보여 주고, 산점도나 히트맵은 변수 간의 관계를 시각적으로 파악할 수 있게 돕는다. 데이터를 시각화하는 과정은 단순히 보기 좋은 그래프를 만드는 것이 아니라, 데이터를 명확히 이해하고, 그 결과를 보다 효과적으로 전달할 수 있도록 하는 것이다.

데이터 기반 의사 결정

데이터 기반 의사 결정은 기존의 직관적인 판단보다는 실질적인 데이터를 바탕으로 결정을 내리는 접근 방식을 의미한다. 데이터 분석을 통해 얻은 인사이트는 의사 결정에 중요한 기준이 된다. 이 과정에서 데이터가 제공하는 객관적인 정보를 활용해, 보다 효율적이고 효과적인 결정을 내릴 수 있다. 또한 데이터 기반 의사 결정은 불확실성을 줄이고, 예측 가능한 결과를 도출할 수 있게 해준다. 의사 결정을 내리는 과정에서 데이터가 중요한 역할을 하며, 결과적으로 더 나은 전략을 세울 수 있게 된다. 데이터 기반의 접근은 특히 빠르게 변화하는 환경에서 의사 결정의 품질을 높이는 데 기여한다.

데이터 윤리와 법적 고려

데이터를 수집하고 활용하는 과정에서 윤리적이고 법적인 측면을 충분히 고려하는 것이 중요하다. 데이터는 개인정보와 민감한 정보를 포함할 수 있기 때문에, 이를 처리할 때는 반드시 개인정보 보호와 관련된 법적 요구 사항을 준수해야 한다. 예를 들어, 유럽연합(EU)의 「일반 데이터 보호 규정(GDPR, General Data Protection Regulation)」 같은 규제를 따라야 하며, 데이터 주체의 동의를 얻는 과정이 필수적이다. 또한 데이터 활용이 공정하고 윤리적으로 이뤄져야 하며, 알고리즘의 공정성이나 차별적 결과를 방지하기 위한 조치가 필요하다. 데이터 활용 과정에서 법적 규제를 무시하거나 부적절하게 처리하는 것은 심각한 법적 문제를 초래할 수 있기 때문에, 이를 사전에 충분히 숙지하고 준수하는 것이 매우 중요하다.

02
데이터 윤리

데이터 윤리는 윤리적 리스크를 최소화하고, 문제가 발생할 경우 이를 적절히 해결할 수 있는 시스템을 갖추는 것이다. 또한 완전한 차단을 목표로 하기보다는 문제가 발생하지 않도록 예방하고, 발생 시 신속하게 대응할 수 있는 유연성을 지니는 것이 중요하다.

AI와 MBTI?

왜, 데이터 윤리인가?

데이터 윤리는 데이터가 개인, 기업, 사회에 미치는 영향을 고려해 법적, 윤리적 기준을 준수하며 데이터를 다루는 방식이다. 데이터가 인간의 프라이버시와 권리를 침해할 수 있는 잠재적인 위험을 내포하고 있기 때문에 데이터 윤리의 중요성은 날로 커지고 있다. 예를 들어, 기업이나 정부가 데이터를 수집하고 분석할 때, 이를 어떻게 활용할지에 대한 윤리적 고민이 부족하면 사회적 신뢰를 잃을 수 있다. 이러한 윤리적 문제는 시간이 지남에 따라 축적되어 법적, 사회적 리스크로 발전할 수 있기 때문에, 데이터 윤리의 접근은 단기적인 문제가 아니라 지속적인 관리가 필요한 분야다. 데이터 리터러시는 데이터 활용에 대한 윤리적 이해가 중요한 부분을 차지하며, 이는 데이터를 효과적이고 책임감 있게 사용하는 데 필요한 기본적인 요소다.

데이터 윤리의 개념

데이터 윤리는 데이터의 생애 주기 전반에 걸쳐 발생할 수 있는 윤리적 문제를 관리하는 과정이다. 데이터의 수집, 저장, 가공, 분석, 활용, 폐기 단계마다 다양한 윤리적 이슈가 발생할 수 있기 때문에, 이를 관리하는 체계적 접근이 필수적이다. 예를 들어, 데이터 수집 단계에서는 이용자의 동의를 충분히 받고, 수집하는 데이터의 종류와 목적을 명확하게 밝혀야 한다. 데이터 가공 단계에서는 편향된 데이터가 포함되지 않도록 주의하고, 데이터 분석 단계에서는 공정하고 객관적인 방법으로 분석을 수행해야 한다.

이슈가 되는 사항

개인정보 보호

개인정보 보호는 데이터 윤리에서 가장 중요한 문제 중 하나다. 개인의 프라이버시를 침해하거나, 동의 없이 민감한 데이터를 수집하는 것은 심각한 윤리적 문제를 야기한다. 「일반 데이터 보호 규정(GDPR, General Data Protection Regulation)」 같은 법적 규제는 개인정보 보호를 강화하고 있지만, 법적 요구 사항을 넘어 윤리적 책임을 다하는 것이 중요하다. 예를 들어, 기업이 사용자 데이터를 수집할 때, 그 데이터가 어떻게 활용될지에 대해 명확한 고지와 동의를 얻어야 하며, 수집된 데이터를 안전하게 보호해야 한다. 또한 불필요하게 데이터를 보유하거나 과도한 데이터를 수집하지 않도록 주의해야 한다. 데이터 유출이나 오용이 발생하면, 이는 법적 제재와 함께 기업의 신뢰도와 평판에 치명적인 영향을 미친다.

데이터의 편향성

데이터의 편향성 문제는 데이터 윤리에서 매우 중요한 이슈다. 데이터가 특정 집단이나 특성을 과도하게 반영하거나, 특정 집단을 배제하는 경우, 이로 인해 도출된 분석이나 예측은 왜곡될 수 있다. 예를 들어, 인공지능이나 머신 러닝 모델이 학습하는 데이터가 특정 성별, 인종, 지역에 치우쳐 있다면, 해당 모델은 편향된 결정을 내리게 될 것이다. 이는 차별적 결과를 초래할 수 있으며, 사회적 불평등을 심화할 수 있다. 따라서 데이터 수집 및 분석 과정에서 데이터의 균형과 대표성을 고려해야 한다. 이를 위해서는 다양한 집단의 데이터를 고르게 수집하고, 분석 과정에서 공정성과 객관성을 확보하는 노력이 필요하다.

알고리즘의 투명성

알고리즘의 투명성은 데이터 윤리에서 또 다른 핵심 요소다. 데이터 분석이나 인공지능 알고리즘을 사용할 때,

그 과정이 투명하게 공개되지 않으면 결과에 대한 신뢰를 얻기 어렵다. 특히 중요한 사회적 결정이나 의사 결정을 자동화하는 시스템에서는 알고리즘의 작동 원리와 그 데이터 처리 과정을 명확히 설명할 수 있어야 한다. 예를 들어, 의료 분야에서 AI 시스템이 환자 치료 방침을 결정한다면, 해당 시스템이 어떻게 데이터를 분석하고, 어떤 기준으로 결정을 내리는지에 대한 투명성이 필요하다. 이를 통해 사용자는 시스템의 결정을 이해하고, 필요할 경우 이를 수정하거나 재조정할 기회를 가질 수 있다. 알고리즘의 불투명성은 불신을 초래하고, 잘못된 결정을 내릴 위험을 높인다.

데이터 보안

데이터 보안은 데이터 윤리의 또 다른 중요한 요소로, 데이터가 안전하게 보호되지 않으면 해킹, 유출, 변조 등의 위험에 노출될 수 있다. 개인정보 보호와 관련된 법적 요구 사항은 물론, 기업이나 기관이 수집한 모든 데이터는 적절히 암호화되고, 접근 제어가 되어야 한다. 데이터 유출이 발생하면, 기업은 법적 책임을 지게 될 뿐만 아니라 고객의 신뢰를 잃을 수 있다. 또한 데이터의 보안이 취약하면, 해커가 민감한 정보를 악용해 사회적, 경제적

피해를 발생시킬 수 있다. 따라서 기업은 데이터 보안을 강화하기 위한 기술적, 관리적 조치를 마련하고, 이를 지속적으로 점검해야 한다. 이는 단순히 법적 준수를 넘어 기업의 사회적 책임을 다하는 과정이다.

데이터 공유와 접근성

데이터 윤리에서 또 다른 중요한 이슈는 데이터의 공유와 접근성이다. 데이터를 공유하는 것은 연구와 개발의 효율성을 높이고, 사회적 가치를 창출할 기회를 제공한다. 그러나 데이터를 공유할 때는 개인정보 보호 같은 법적, 윤리적 요구 사항을 충족해야 한다. 예를 들어, 공공기관이 데이터를 공개할 때, 그 데이터에 민감한 정보가 포함되지 않도록 주의해야 하며, 공개된 데이터가 불법적인 목적으로 악용되지 않도록 관리해야 한다. 데이터 접근성 또한 중요한 윤리적 고려 사항으로, 데이터를 누구나 쉽게 접근할 수 있도록 하되, 이를 제어할 수 있는 적절한 관리 체계를 마련해야 한다. 데이터의 자유로운 접근이 민주화를 촉진할 수 있지만, 이를 잘못 관리하면 개인정보 유출이나 데이터 왜곡 등의 문제가 발생할 수 있다.

03
데이터 저작권

데이터 저작권은 데이터를 보호하는 것뿐만 아니라, 데이터의 재사용, 재배포, 수정 등에 대한 권리와 제한을 명확히 규정하는 데 중요한 역할을 한다. 이는 무단 복제나 데이터의 부적절한 사용을 방지하고, 데이터 소유자가 이로부터 발생하는 이익을 보호할 수 있도록 돕는다.

AI와 난임 극복?

왜, 데이터 저작권인가?

데이터 저작권은 데이터를 수집하고 가공한 사람이나 기관이 해당 데이터에 대해 법적으로 보호받을 수 있도록 하는 권리를 의미한다. 데이터는 현대 사회에서 중요한 자산으로, 특히 기업이나 연구 기관에서 데이터를 기반으로 한 분석이나 혁신적인 결과물을 창출하는 데 필수적인 역할을 한다. 데이터가 저작권 보호를 받지 못하면 무단 사용이나 도용의 위험이 커지고, 이로 인해 데이터의 창작자나 소유자는 경쟁력을 잃을 수 있다. 또한 개인정보 같은 민감한 데이터를 처리하는 경우, 법적 및 윤리적 문제가 발생할 수 있으므로 데이터 저작권을 명확히 하고 이를 보호하는 것이 중요하다. 데이터 저작권은 데이터의 부적절한 사용을 방지하고, 데이터 소유자가 정당한 보상을 받을 수 있도록 돕는 중요한 제도다. 데이터 리터러시와 데이터 윤리와는 다른 측면에서 접근하지만, 저작권은 데이터를 다룰 때의 법적 보호를 제공하며, 윤리적 측면과 함께 고려되어야 한다.

데이터 저작권의 개념

데이터 저작권은 데이터에 대한 창작적 권리 또는 소유권을 인정하는 법적 개념이다. 기본적으로 데이터 자체는 저작권의 보호 대상이 아니지만, 데이터를 수집하고, 가공하거나 특정한 방식으로 배열하는 과정에서 발생한 창의적 작업은 저작권으로 보호될 수 있다. 예를 들어, 대규모 데이터를 수집해 특정한 분석 방식으로 구조화하거나, 데이터 간의 관계를 분석해 새로운 인사이트를 도출하는 과정은 창작적 활동으로 간주되며, 이 경우 데이터베이스나 분석 결과에 대해 저작권을 주장할 수 있다. 데이터 저작권은 데이터를 보호하는 것뿐만 아니라, 데이터의 재사용, 재배포, 수정 등에 대한 권리와 제한을 명확히 규정하는 데 중요한 역할을 한다. 이는 무단 복제나 데이터의 부적절한 사용을 방지하고, 데이터 소유자가 이로부터 발생하는 이익을 보호할 수 있도록 돕는다.

이슈가 되는 사항

데이터의 소유권과 사용 권한

데이터 저작권에서 가장 중요한 쟁점 중 하나는 데이터의 소유권과 사용 권한이다. 데이터는 여러 주체에 의해 수집되거나 생성되며, 그 소유권이 여러 사람이나 기관에 분배될 수 있다. 예를 들어, 기업이 수집한 데이터가 해당 기업에 소유권이 있을 수 있지만, 그 데이터를 제공한 사용자나 고객도 일정한 권리를 주장할 수 있는 경우가 있다. 데이터의 사용 권한을 명확히 정의하지 않으면, 데이터의 재사용에 대해 분쟁이 발생할 수 있다. 또한 데이터가 공개되거나 공유되는 경우, 데이터가 어떻게 활용될 수 있는지에 대한 권한을 규정하는 라이선스 설정이 중요하다. 이는 데이터 저작권의 명확성을 확보하고, 불법적 사용을 방지하는 데 필수적이다.

데이터의 재사용과 라이선스 문제

데이터가 다양한 용도로 재사용될 수 있기 때문에, 이를 둘러싼 라이선스와 규제 문제가 중요하다. 데이터에 대한 저작권은 단순히 보호하는 것을 넘어 데이터를 어떻게 사용할 수 있는지, 상업적 용도로 사용할 수 있는지, 다른 데이터와 결합할 수 있는지 등의 권리를 명확히 설정한다. 이를 통해 데이터의 재사용을 적법하게 하고, 불법적인 사용을 방지할 수 있다. 특히 데이터를 다양한 플랫폼에서 사용하거나 공유할 때, 적절한 라이선스를 설정하지 않으면 법적 분쟁이 발생할 수 있다.

데이터의 저작권 침해와 책임 문제

데이터 저작권 침해는 법적으로 심각한 결과를 초래할

수 있다. 데이터가 저작권으로 보호되는 범위 내에서 무단 복제되거나 배포되는 경우, 해당 저작권자는 법적 대응을 할 수 있다. 그러나 데이터의 저작권 침해는 기술적인 측면에서도 복잡하다. 특히 데이터가 클라우드 환경에서 공유되거나 여러 플랫폼을 통해 퍼져 나가면서, 원래 소유자를 식별하거나 침해 여부를 판단하기 어려운 경우가 많다. 또한 데이터 사용자가 의도적으로 침해하지 않더라도, 데이터의 불법적 사용이 발생할 수 있기 때문에, 저작권자는 침해를 방지하고 권리를 보호할 방법을 지속적으로 마련해야 한다.

개인정보 보호와 데이터 저작권

데이터 저작권과 개인정보 보호는 서로 밀접한 관계에 있지만, 때로는 충돌할 수 있다. 개인정보가 포함된 데이터의 경우, 데이터 저작권을 주장할 수 있는지에 대한 법적 논란이 존재한다. 예를 들어, 개인정보를 익명화하거나 비식별화하는 경우, 해당 데이터에 대한 저작권을 주장할 수 있을지에 대한 문제가 발생할 수 있다. 「개인정보보호법」은 데이터를 보호하고, 데이터 활용 시 개인정보가 침해되지 않도록 해야 한다. 따라서 데이터 저작권은 개인정보 보호와 조화를 이뤄야 하며, 이를 위한 법적 규제를 준수하면서도 데이터의 소유권을 적절히 보호하는 것이 중요하다.

공공 데이터와 저작권

공공 데이터는 보통 공공의 이익을 위해 공개되며, 해당 저작권에 대한 문제는 종종 논란을 일으킨다. 공공 데이터 저작권을 둘러싼 문제는 공공 기관이 수집한 데이터를 상업적 용도로 활용하는 경우 발생한다. 이때, 데이터 소유권은 공공 기관에 있을지, 데이터 제공자가 권리를 갖는지에 대한 논의가 필요하다. 공공 데이터 저작권을 명확히 정의하고, 이를 어떻게 활용할 수 있는지에 대한 기준을 설정하는 것은 데이터 활용을 촉진하고, 공공 데이터를 상업적 또는 학술적 용도로 사용할 때 발생할 수 있는 법적 분쟁을 방지하는 데 필수적이다.

데이터 윤리와의 차별성

데이터 윤리는 데이터 사용과 관련된 윤리적, 도덕적 측면을 강조하며, 데이터의 수집, 처리, 활용 과정에서 발생할 수 있는 비윤리적 문제를 방지하는 데 초점을 둔다. 반면, 데이터 저작권은 데이터의 법적 보호를 위한 개념으로, 데이터 소유자의 권리와 그 사용에 대한 규제를 설정하는 데 중점을 둔다. 윤리는 데이터를 어떻게 사용해야 하는지에 대한 도덕적 기준을 제시하며, 저작권은 데이터의 소유자와 사용자가 법적으로 권리와 책임을 규명할 수 있도록 돕는다. 두 개념은 상호 보완적이지만, 데이터 윤리는 주로 사회적 책임을 강조하는 반면, 데이터 저작권은 법적 보호를 통해 데이터의 가치를 보호하는 데 집중한다.

04
데이터 계약

데이터 계약은 단순히 데이터의 거래에 그치지 않고, 데이터가 법적으로 보호받고, 공정하게 사용될 수 있도록 보장하는 중요한 역할을 한다. 또한 계약은 데이터 제공자와 수령자 간의 신뢰를 구축하며, 데이터의 투명한 관리와 활용을 위한 기초가 된다.

AI와 사주?

왜 데이터 계약인가?

데이터 계약은 데이터의 거래 및 사용에 관한 법적 조건을 규정하는 중요한 문서로, 데이터의 수집, 처리, 저장, 사용 및 공유와 관련된 권리와 의무를 명확히 한다. 데이터의 중요성이 증가하면서, 데이터를 안전하고 합법적으로 활용하기 위한 법적 프레임워크가 필수적이다. 기업은 데이터 계약을 통해 데이터를 공급받고, 판매하거나 공동으로 사용하면서 발생할 수 있는 법적 분쟁을 예방하고, 각 당사자 간의 책임과 권리를 명확히 할 수 있다. 데이터 계약은 특히 다수의 참여자가 포함되는 복잡한 데이터 거래에서 중요한 역할을 하며, 법적 분쟁을 최소화하고, 데이터의 합법적인 흐름을 보장하는 데 필수적이다. 이를 통해 데이터의 소유권, 사용 권한 및 보호 범위를 명확히 해 데이터의 활용 가능성을 극대화할 수 있다.

데이터 계약의 개념

데이터 계약은 데이터를 주고받는 각 당사자 간의 권리와 의무를 규명하는 법적 구속력이 있는 합의다. 데이터 계약의 주요 내용에는 데이터의 소유권, 사용 권한, 보안, 비밀 유지, 책임 및 배상 조건 등이 포함된다. 계약서에는 데이터 제공자와 수령자의 역할, 데이터의 이용 목적, 데이터의 처리 방법, 데이터 보호 조치, 계약 종료 후 데이터의 반환 또는 파기 방식 등이 명시된다. 또한 데이터가 외부로 유출되거나 의도한 대로 사용되지 않을 경우 발생할 수 있는 법적 책임과 그에 따른 제재 사항도 포함되어야 한다.

이슈가 되는 사항

데이터 소유권 및 사용 권한

데이터 계약에서 가장 중요한 문제 중 하나는 데이터의 소유권과 사용 권한이다. 데이터가 생성되었을 때, 그 소유권이 누구에게 있는지 명확히 하는 것이 중요하다. 예를 들어, 데이터를 수집한 회사가 해당 데이터의 소유권을 가지고 있다면, 데이터를 사용하는 다른 기업이나 개인은 어떤 용도로 데이터를 활용할 수 있는지, 그리고 그 범위는 어디까지인지에 대한 명확한 규정이 필요하다. 만약 데이터의 소유권이 불분명하거나 여러 주체가 관련된 경우, 계약에서 명확하게 정의하지 않으면 법적 분쟁이 발생할 수 있다.

데이터 보안 및 프라이버시 보호

데이터 계약에서 보안과 프라이버시 보호는 필수적인 요소다. 데이터가 유출되거나 악용될 경우, 계약 당사자 모두에게 심각한 법적, 경제적 문제가 발생할 수 있다. 계약서에는 데이터 처리와 보관 과정에서의 보안 조치, 데이터 접근 제한, 암호화 및 개인정보 보호를 위한 구체적인 방법이 명시되어야 한다. 또한 「일반 데이터 보호 규정(GDPR, General Data Protection Regulation)」과 같은 개인정보 보호 법규를 준수해야 하므로, 계약에는 이러한 법적 요구 사항을 충족하는 조건들이 포함되어야 한다.

데이터의 재사용 및 재판매

데이터 계약에서 또 다른 주요 쟁점은 데이터의 재사용 및 재판매와 관련된 규정이다. 데이터 제공자는 종종 데이터를 제공한 대가로 수익을 얻고자 하며, 계약서에는 데이터의 재사용 및 재판매에 대한 조건을 명시해야 한다. 예를 들어, 데이터 제공자가 특정 조건하에만 데이터를 사용할 수 있도록 제한할 수 있으며, 데이터 수령자가 데이터를 다른 용도로 사용할 경우 추가적인 승인을 받거나 별도의 비용을 지불하도록 요구할 수 있다. 데이터가 여러 번 거래될 경우, 그 거래의 범위와 조건을 명확히 해 불법적인 사용을 방지해야 한다.

데이터 처리 및 접근

데이터 계약은 데이터 처리 및 접근 방법에 대한 구체적인 규정을 포함해야 한다. 이는 데이터의 가공, 분석, 저장, 접근 방식 등 모든 과정을 포함한다. 데이터 계약에서 중요한 점은 데이터 수령자가 데이터를 어떻게 처리하고 접근할 수 있는지에 대한 제한을 명확히 하는 것이다. 예를 들어, 데이터를 분석하는 방식, 데이터를 공유하는 방식, 데이터를 제3자에게 제공하는 조건 등이 규정되어야 한다. 데이터의 활용 방법에 대한 구체적인 규정이 부족할 경우, 데이터 활용 과정에서 불법적인 사용이나 권리 침해가 발생할 수 있다.

계약 위반에 대한 책임과 제재

데이터 계약에서 가장 중요한 점 중 하나는 계약을 위반했을 경우의 책임과 제재를 명확히 하는 것이다. 계약을 위반하는 경우에는 법적 처벌이나 배상 책임이 발생할 수 있으며, 이러한 책임은 계약서에 명시되어 있어야 한다. 예를 들어, 데이터가 무단으로 유출되었거나, 부적절하게 사용된 경우, 해당 당사자는 손해 배상 및 계약 해지 등의 제재를 받을 수 있다. 또한 계약 위반 시 데이터 제공자와 수령자 간의 분쟁을 해결하기 위한 분쟁 해결 절차와 법적 절차를 명시하는 것도 중요하다.

국경을 넘는 데이터 거래와 법적 규제

데이터는 전 세계적으로 거래되며, 특히 국제적인 데이터 계약에서는 각국의 법적 규제를 준수해야 한다. 국가마다 데이터 보호 법규나 개인정보 보호 법률이 다를 수 있기 때문에, 계약 당사자 간에는 데이터 거래가 이뤄지는 국가의 법적 요구 사항을 충족하는 조건을 명시해야 한다. 또한 국제적인 데이터 이동과 관련된 법적 요구 사항을 반영해, 데이터를 안전하게 교환하고 법적 책임을 명확히 할 수 있도록 해야 한다.

데이터 계약의 중요성은 데이터의 합법적인 활용을 보장하고, 법적 리스크를 관리하는 데 핵심적인 역할을 한다는 점에서 매우 중요하다. 데이터 계약을 통해 각 당사자는 자신의 권리와 책임을 명확히 하고, 데이터의 안전하고 투명한 활용을 촉진할 수 있다.

데이터 계약 실무

데이터 계약을 체결할 때 실무적으로 고려해야 할 주요 사항들은 데이터의 법적, 기술적, 운영적 측면을 모두 아우르는 요소들이다. 이를 통해 계약 당사자 간의 권리와 의무를 명확히 하고, 불필요한 리스크를 최소화할 수 있다.

데이터의 정의와 범위 명시

계약에서 가장 중요한 부분은 다루고자 하는 데이터의 범위와 정의를 명확히 하는 것입니다. 데이터 계약에서 다루는 데이터의 종류(예: 개인정보, 비즈니스 데이터, 공개 데이터 등), 형식(정형, 비정형), 제공 방법(수집, 구매, 공유 등)을 구체적으로 명시해야 한다. 이를 통해 데이터의 종류와 범위에 대한 명확한 이해를 바탕으로 계약이 체결되며, 데이터의 관리 및 이용 방안에 대한 후속 조치가 가능해진다.

데이터 소유권 및 사용 권한 규정

데이터의 소유권과 사용 권한을 명확히 정의하는 것이 중요하다. 데이터 제공자와 수령자 간의 권리 관계를 명확히 해 데이터의 사용 범위와 조건을 규정해야 한다. 예를 들어, 수령자는 특정 목적에 한정해 데이터를 사용할 수 있다는 조건을 명시할 수 있으며, 데이터 소유자는 데이터의 사용 범위나 처리 방법에 대해 제약을 둘 수 있다. 데이터 사용에 대한 권리와 제한 사항을 구체적으로 규정해야 향후 분쟁을 예방할 수 있다.

데이터 보호 및 보안 조치

데이터 계약에서 데이터 보호 및 보안 조치는 매우 중요한 항목이다. 계약서에는 데이터가 처리되는 과정에서 요구되는 보안 조치와 데이터 보호 방안을 명확히 해야 한다. 데이터 암호화, 접근 통제, 백업, 보안 감사 절차 등 구체적인 보안 요구 사항을 명시하고, 보안 사고가 발생할 경우 책임 소재를 분명히 해야 한다. 또한 개인정보 보호와 관련된 법적 요구 사항―EU의 「GDPR」, 미국의 「CCPA」(California Consumer Privacy Act, 캘리포니아 소비자 개인정보 보호법) 등―을 준수하는 방식도 반드시 포함해야 한다.

데이터의 수정 및 삭제 권한

데이터 계약에서 중요한 실무적인 사항 중 하나는 데이터 수정 및 삭제에 대한 권한을 명시하는 것이다. 계약 당사자가 데이터의 정확성, 최신성, 완전성을 보장하기 위해 데이터를 어떻게 수정하고 업데이트할 수 있을지에 대한 규정이 필요하다. 또한 계약 종료 후 데이터의 반환 및 파기 절차도 규정해야 하며, 특히 개인정보의 경우 법적 요구 사항에 맞춰 적절한 절차를 따르는 것이 중요하다.

데이터의 재사용 및 재판매 규정

데이터 계약에서 데이터의 재사용, 재판매 또는 전송에 대한 규정은 명확히 해야 한다. 데이터를 한 번 제공받은 후, 해당 데이터를 재사용하거나 제3자에게 재판매하려는 경우에 대한 조건을 명시해야 한다. 예를 들어, 데이터 제공자가 데이터를 제3자에게 재판매할 수 없도록 제한하거나, 재사용에 대한 추가적인 조건을 설정할 수 있다. 이러한 규정을 통해 데이터의 불법적인 유통을 방지하고, 데이터의 불필요한 오용을 막을 수 있다.

법적 준수 및 규제 사항

데이터 계약에는 관련 법률 및 규제 사항을 반드시 반영해야 한다. 특히 「개인정보보호법」, 「데이터보호법」, 「경쟁법」 등 데이터와 관련된 법적 요구 사항을 준수할 필요가 있다. 예를 들어, 「GDPR」 같은 국제적인 법규는 유럽연합 내에서 데이터를 처리하는 모든 기업에 적용되므로, 계약서에는 데이터 처리와 관련된 법적 요건을 충족하는 방안이 포함되어야 한다. 계약 당사자 모두가 해당 법적 요구 사항을 준수할 책임이 있음을 명확히 해야 한다.

책임과 배상 조항

데이터 계약에서 발생할 수 있는 법적 분쟁에 대비하기 위해 책임과 배상에 관한 조항을 포함하는 것이 중요하다. 데이터 제공자와 수령자는 데이터 처리 및 활용 과정에서 발생할 수 있는 오류나 법적 문제에 대해 각각의 책임을 규명해야 한다. 예를 들어, 데이터 유출, 개인정보 침해, 불법적 사용 등으로 인한 피해가 발생한 경우, 각 당사자가 어떻게 배상할지에 대한 구체적인 조건을 설정해야 한다.

계약 종료 및 데이터 반환/파기

계약 종료 시 데이터의 반환과 파기 절차도 매우 중요한 실무적 사항이다. 계약이 종료되거나 해지될 경우, 데이터 수령자는 데이터를 반환하거나 완전하게 파기해야 한다. 특히 개인정보나 민감한 데이터의 경우, 이를 파기하는 방법과 그 확인 절차를 구체적으로 규정해야 하며, 이를 위반할 경우 법적 책임을 명시하는 것이 중요합니다. 계약서에는 데이터 반환 및 파기에 대한 상세한 절차와 시간도 포함해야 한다.

분쟁 해결 및 법적 절차

데이터 계약은 분쟁 발생 시 이를 해결할 수 있는 절차를 명확히 해야 한다. 분쟁이 발생했을 때 해결 방법에 대해 명시해, 법적 절차나 중재 방식 등을 통해 신속하게 문제를 해결할 수 있도록 해야 한다. 또한 분쟁 발생 시 어느 법원의 관할을 따를 것인지, 혹은 중재를 이용할 것인지에 대한 조건도 계약서에 포함해야 한다.

지속적인 모니터링 및 감사

데이터 계약에서 지속적인 모니터링 및 감사 절차를 규정하는 것도 중요하다. 데이터 제공자와 수령자는 데이터 처리와 활용에 대해 정기적인 모니터링을 수행하고, 그 결과를 감사할 수 있는 권한을 부여받아야 한다. 계약서에는 데이터 처리의 투명성을 유지하기 위한 감사 조건과 이를 위한 절차를 명확히 해야 하며, 계약 당사자가 주기적으로 데이터 사용 상황을 점검할 수 있도록 해야 한다.

위와 같은 실무적 사항들을 철저히 고려하고 규명해 데이터 계약을 체결한다면, 데이터의 법적, 기술적 안전성은 물론, 계약 당사자 간의 신뢰를 높일 수 있다. 이로써 향후 발생할 수 있는 리스크를 최소화할 수 있을 것이다.

05
데이터 사일로와 문화

데이터 사일로 문제는 기업이 데이터를 부서별 또는 시스템별로 단절적으로 관리하면서 발생하는 현상이다. 이는 데이터 활용성과 협업을 저해하며, 데이터 기반 의사 결정의 질을 낮추는 결과를 초래할 수 있다. 이러한 문제를 해결하기 위해서는 기술적 접근과 정책적 접근이 동시에 필요하다.

AI와 아이돌?

왜, 데이터 사일로인가?

데이터 사일로(Data Silo)는 데이터를 특정 부서나 팀에서만 보유하고 관리하며, 다른 부서나 팀과 공유되지 않는 상황을 말한다. 이는 여러 이유로 발생할 수 있다. 무엇보다 각 부서는 자신들이 생성한 데이터를 독립적으로 관리하고 이를 다른 부서와 공유하지 않으려는 경향이 있을 수 있다. 이런 경향은 부서의 자율성을 허용하지 않는 문화에서 발생할 수 있다. 또한 데이터 보안과 개인정보 보호를 이유로, 민감한 데이터를 외부로 공유하지 않으려는 경우가 많다. 이로 인해 데이터가 서로 공유되지 않고, 독립적으로 관리된다. 이 과정에서, 데이터 관리 시스템이나 기술이 부서별로 분리되어 있어, 데이터를 전사적으로 통합하기가 어렵다. 시스템 간 호환성 문제나 기술적 제약이 원인이 될 수 있다. 또한 각 부서가 자신들의 목표를 우선시하다 보면, 다른 부서와 협력해 데이터를 공유하려는 동기가 부족해질 수 있다. 각 부서는 독립적으로 데이터를 운영하며, 이를 외부에 공유하려 하지 않는다.

이로 인해, 데이터 활용 기회가 제한되며, 기업 전체의 효율성을 저하시킬 수 있다. 데이터 사일로 문제는 단기적으로는 보안이 보장된 것처럼 보일 수 있으나, 장기적으로는 데이터의 가치를 충분히 활용하지 못하게 해, 비용과 시간이 소모되는 문제를 야기할 수 있다.

데이터 사일로의 문제

데이터 사일로는 조직 내 데이터가 특정 부서나 팀에서만 보유되고, 이를 외부 부서와 공유하지 않거나, 다른 부서가 접근할 수 없는 상태를 의미한다. 이런 상태는 여러 문제를 초래할 수 있다.

이는 기업이 디지털 전환을 추진하는 과정에서 자연스럽게 발생할 수 있지만, 장기적으로 데이터 활용성을 저해하고 조직의 협업을 방해하는 주요 원인이 된다. 다음은 데이터 사일로가 초래하는 주요 문제점이다.

첫째, 데이터 활용성이 저하되고, 중복 데이터가 증가한다. 부서별로 데이터를 개별적으로 관리하면 동일한 데이터가 여러 곳에서 중복 저장될 가능성이 커지고, 데이터의 일관성이 낮아진다. 또한 다른 부서에서 이미 보유하고 있는 데이터를 활용하지 못해 불필요한 데이터 수집과 중복 작업이 발생할 수 있다.

둘째, 부서 간 협업과 데이터 기반 의사 결정이 어려워진다. 데이터가 단절된 환경에서는 부서 간 정보 공유가 원활하지 않아 협업이 비효율적으로 이뤄진다. 예를 들어, 마케팅 부서에서 고객 데이터를 보유하고 있지만, 제품 개발 부서가 이를 공유 받지 못하면 고객 피드백을 반영한 제품 개선이 지연될 수 있다. 또한 기업 전체의 데이터를 통합적으로 분석하기 어려워져, 경영진이 객관적이고 신뢰할 수 있는 데이터를 바탕으로 의사 결정을 내리는 것이 어렵게 된다.

셋째, 데이터 품질과 일관성이 저하된다. 같은 정보가 부서마다 서로 다른 기준으로 저장 · 관리될 경우, 데이터 간 불일치 문제가 발생할 수 있다. 예를 들어, 영업 부서와 고객 지원 부서가 동일한 고객 정보를 관리하지만 업데이트가 제대로 이뤄지지 않는다면, 고객과의 커뮤니케이션에서 오류가 발생할 수 있다. 이는 고객 경험의 저하로 이어질 수 있으며, 내부 데이터 분석의 신뢰성을 낮출 수 있다.

넷째, 보안 및 법적 리스크가 증가한다. 데이터가 여러 부서에 분산되어 개별적으로 관리될 경우, 일관된 보안 정책을 적용하기 어렵고, 특정 부서에서 보안 취약점이 발생할 가능성이 커진다. 또한 개인정보 보호 규제[「개인정보보호법」, 「일반 데이터 보호 규정(GDPR, General Data Protection Regulation)」, 「캘리포니아 소비자 개인정보 보호법」(CCPA, California

Consumer Privacy Act) 등]를 준수하는 과정에서도 데이터 흐름을 명확하게 파악하기 어려워지며, 법적 위험이 증가할 수 있다.

데이터 사일로의 기술적 해결 방안

데이터 사일로 문제를 해결하기 위해서는 기술 인프라의 혁신과 함께 부서 간 데이터 흐름을 원활히 할 수 있는 통합적 시스템이 필요하다. 핵심은 데이터의 중앙 집중화와 실시간 연계 가능성을 높이는 것이다.

첫째, 데이터 통합 플랫폼의 구축이 선결되어야 한다. 데이터 레이크(Data Lake)나 데이터 웨어하우스(Data Warehouse) 같은 통합 시스템을 도입하면 기업 내 다양한 부서에서 생성된 데이터를 중앙에서 일괄 관리할 수 있다. 이는 데이터 중복과 단절 문제를 효과적으로 해소하고, 부서 간 협업의 기반을 마련해 준다. 또한 API(Application Programming Interface)를 기반으로 실시간 데이터 연계를 구현하면 각 부서가 서로의 데이터를 신속하게 접근하고 활용할 수 있게 된다.

둘째, 클라우드 기반의 데이터 공유 환경 조성도 효과적인 방안이다. 클라우드 플랫폼을 이용하면 데이터에 대한 접근성과 확장성이 향상되고, 각 부서가 중앙의 데이터에 유연하게 접근할 수 있다. 아울러 하둡(Hadoop)이나 아파치 스파크(Apache Spark) 같은 분산 처리 기술을 활용하면 대량의 데이터를 빠르게 처리하면서도, 중복 저장을 최소화해 자원의 낭비를 줄일 수 있다.

셋째, 데이터 표준화와 메타데이터 관리 체계의 확립도 필수적이다. 조직 전반에서 데이터를 일관된 포맷과 규칙에 따라 관리하고, 데이터의 출처, 변형 이력 등을 메타데이터로 기록함으로써 투명성과 재활용 가능성이 높아진다. 특히 '데이터 가상화(Data Virtualization)' 기술은 물리적으로 분산된 데이터를 실제 이동이나 복제 없이 논리적으로 통합해 제공함으로써, 물리적 사일로의 한계를 극복할 수 있다.

데이터 사일로의 정책적 해결 방안

기술적 조치만으로는 데이터 사일로 문제를 근본적으로 해결하기 어렵다. 효과적인 데이터 공유와 활용을 위해서는 기업 차원의 조직 문화와 정책 기반의 지원이 함께 이뤄져야 한다.

첫째, 데이터 거버넌스 체계의 확립이 필요하다. 모든 부서가 공통의 데이터 관리 원칙을 준수할 수 있도록 명확한 가이드라인을 제시하고, 역할 기반 접근 제어

(RBAC, Role Based Access Control)를 통해 보안과 활용성을 조화롭게 유지해야 한다. 이와 함께, 데이터 품질 관리 체계를 마련해 중복 데이터 문제를 방지하고, 데이터의 정합성과 신뢰성을 확보해야 한다.

둘째, 데이터 공유 문화의 조성도 중요한 과제다. 부서 간 협업을 유도하기 위해 데이터 관련 교육과 워크숍을 정기적으로 운영하고, 협업과 활용의 우수 사례를 발굴해 인센티브를 제공하는 제도를 마련해야 한다. 나아가 데이터 활용도를 정량적으로 평가할 수 있는 핵심 성과 지표(KPI, Key Performance Indicator)를 설정하면 데이터 중심의 조직 문화를 정착시키는 데 기여할 수 있다.

셋째, 보안과 법적 규제 준수 역시 간과할 수 없다. 「GDPR」, 「CCPA」, 한국의 「개인정보보호법」 등 각종 규제를 준수할 수 있도록 내부 정책을 정비하고, 데이터 마스킹이나 익명화 기술을 적용해 민감 정보를 안전하게 처리할 수 있는 환경을 조성해야 한다.

마지막으로, 공공 및 민간 데이터의 연계 활용을 통해 사일로 문제를 구조적으로 완화할 수 있다. 정부가 보유한 공공 데이터를 민간 기업이 자사 데이터와 결합해 새로운 인사이트를 도출하도록 지원하고, 업계 간 협력을 촉진하는 데이터 공유 생태계를 조성해야 한다. 이는 단순한 내부 데이터 통합을 넘어, 외부와의 개방적 데이터 흐름을 통해 기업의 혁신성과 사회적 가치를 동시에 실현하는 방향이다.

06
데이터 전략과 정책

데이터 전략과 데이터 정책은 각각 다른 역할을 수행하지만, 상호 보완적인 관계를 이루며 조화를 이룰 때 시너지 효과를 극대화할 수 있다. 데이터 전략은 장기적인 목표와 방향성을 설정하는 반면, 데이터 정책은 이를 실행하기 위한 세부적인 규칙과 절차를 정한다. 따라서 데이터 전략이 효과적으로 실행되기 위해서는 정책이 강력한 기반이 되어야 하며, 정책이 실효성을 가지려면 전략적 목표와 일치해야 한다.

AI와 야구?

데이터 전략

일반적으로 '전략(Strategy)'은 조직이 장기적인 목표를 설정하고 이를 달성하기 위한 방향성과 실행 계획을 의미한다. 데이터 전략도 이와 마찬가지로, 데이터를 조직의 핵심 자산으로 활용해 경쟁력을 강화하고, 지속 가능한 성장을 이루기 위한 청사진을 제시하는 것이다. 데이터 전략은 단순히 데이터를 저장하고 관리하는 차원을 넘어, 데이터를 어떻게 분석하고 해석해 가치 있는 정보로 전환할 것인지에 대한 전반적인 방향을 포함한다. 데이터 전략은 기업과 국가 차원에서 각각 다르게 설계될 수 있다. 기업의 경우, 데이터를 활용해 비즈니스 가치를 창출하는 데 중점을 두고, 국가는 데이터의 공공성과 규제 환경을 고려해 정책적 방향을 설정한다.

기업의 데이터 전략

기업이 데이터를 효과적으로 활용하기 위해서는 조직 전반에 걸쳐 명확한 데이터 전략이 필요하다. 기업의 데이터 전략은 다음과 같은 핵심 요소를 포함한다.

첫째, 데이터 거버넌스(Data Governance)는 데이터의 품질을 유지하고 보안을 강화하며, 조직 내에서 데이터가 체계적으로 관리될 수 있도록 하는 체계를 의미한다. 이를 통해 데이터가 일관된 방식으로 수집, 저장, 분석될 수 있으며, 이를 활용한 의사 결정의 신뢰성을 높일 수 있다.

둘째, 데이터 활용 및 분석은 기업이 데이터 기반의 의사 결정을 내릴 수 있도록 지원하는 요소다. 이를 위해 데이터 사이언스, 머신 러닝, 인공지능 기술을 활용해 시장의 흐름을 분석하고, 고객의 행동 패턴을 예측하며, 새로운 비즈니스 기회를 창출할 수 있다.

셋째, 데이터 기반 의사 결정(Data-Driven Decision Making)을 활성화하는 것이 중요하다. 이를 위해 경영진뿐만 아니라 실무진도 데이터 분석 결과를 해석하고 활용할 수 있도록 데이터 리터러시를 강화해야 한다.

넷째, 데이터 경제화(Data Monetization)는 데이터를 단순한 정보가 아니라 경제적 가치를 창출하는 자산으로 활용하는 개념이다. 예를 들어, 기업이 고객 데이터를 분석해 맞춤형 마케팅 전략을 수립하거나, 데이터를 기반으로 새로운 상품과 서비스를 개발하는 방식으로 데이터의 경제적 가치를 극대화할 수 있다.

국가의 데이터 전략

국가 차원의 데이터 전략은 공공 데이터의 개방과 활용,

데이터 기반 정책 결정, 데이터 보호 및 규제, 데이터 산업 육성 등의 요소를 포함한다.

먼저, 공공 데이터 개방(Open Data Initiative)은 정부 기관과 공공 기관이 보유한 데이터를 민간에 개방해 경제적 · 사회적 가치를 창출하는 전략이다. 공공 데이터가 개방되면 기업과 연구 기관이 이를 활용해 혁신적인 서비스를 개발할 수 있으며, 행정의 투명성도 높아진다.

둘째, 데이터 인프라 구축이 중요하다. 이는 국가 차원에서 클라우드 컴퓨팅, 빅데이터 분석 플랫폼, AI 연산 시스템 등의 기술적 기반을 확충하는 것을 의미한다. 이러한 인프라가 구축되어야 데이터의 저장과 분석이 원활하게 이뤄질 수 있으며, 이를 통해 다양한 산업에서 데이터 활용이 활성화될 수 있다.

셋째, 데이터 주권(Data Sovereignty) 및 보호 정책이 필요하다. 데이터는 국가의 핵심 자산이므로, 개인정보 보호 및 국가 안보와 관련된 데이터는 철저히 관리되어야 한다. 이를 위해 유럽연합(EU)의 일반 데이터 보호 규정(GDPR, General Data Protection Regulation)」이나 미국의 「캘리포니아 소비자 개인정보 보호법」(CCPA, California Consumer Privacy Act) 같은 데이터 보호 법안을 기반으로 국가 차원의 데이터 보호 정책을 수립해야 한다.

넷째, 데이터 기반 정책 결정은 정부가 데이터를 활용해 보다 정교한 정책을 수립하는 것을 의미한다. 예를 들어, 교통 데이터와 기상 데이터를 분석해 도시 교통 체계를 최적화하거나, 감염병 확산 데이터를 분석해 보건 정책을 설계하는 방식이 이에 해당한다.

데이터 정책

'정책(Policy)'은 조직이 특정 목표를 달성하기 위해 수립하는 규범과 실행 기준을 의미한다. 데이터 정책은 데이터의 수집, 저장, 활용, 보호 등에 대한 규칙을 설정하는 것으로, 데이터 전략을 실현하기 위한 구체적인 실행 방안을 포함한다.

기업의 데이터 정책

기업은 데이터 전략을 실현하기 위해 명확한 내부 데이터 정책을 마련해야 한다.

첫째, 데이터 보안(Security Policy)은 기업이 보유한 데이터를 외부 해킹이나 내부 정보 유출로부터 보호하기 위한 정책이다. 이를 위해 데이터 암호화, 접근 권한 관리, 보안 감사 체계 구축 등이 필요하다.

둘째, 개인정보 보호(Privacy Policy)는 고객 및 직원의 개인정보를 보호하는 정책을 포함한다. 기업은 「GDPR」이나 국내 개인정보 보호법을 준수해야 하며, 데이터 수집 시 명확한 동의를 받아야 한다.

셋째, 데이터 품질 관리(Quality Policy)는 데이터의 정확성, 일관성, 신뢰성을 유지하기 위한 정책이다. 데이터 정제(Data Cleaning), 표준화(Standardization), 메타데이터 관리 등의 조치를 통해 데이터의 품질을 유지해야 한다.

넷째, 데이터 공유 및 접근 정책(Access Policy)은 조직 내에서 데이터가 효과적으로 공유될 수 있도록 기준을 설정하는 것이다. 특정 부서만 데이터를 독점하는 데이터 사일로 현상을 방지하기 위해 부서 간 데이터 공유를 활성화하는 정책이 필요하다.

국가의 데이터 정책

국가의 데이터 정책은 데이터 보호, 공공 데이터 활용, AI 윤리, 글로벌 데이터 협력 등을 포함한다.

먼저, 공공 데이터 개방 정책은 정부 기관이 보유한 데이터를 민간에서 활용할 수 있도록 개방하는 정책이다. 이를 통해 기업이 새로운 서비스를 개발할 수 있으며, 연구 기관은 데이터를 활용해 사회 문제를 해결할 수 있다.

둘째, 데이터 보호법 및 규제는 개인정보 보호와 AI 윤리를 보장하는 법적 기반을 제공한다. 국가별로 데이터 보호 규제가 다르므로, 국제 표준을 고려한 정책 설계가 필요하다.

셋째, 데이터 산업 지원 정책은 데이터 기반 스타트업을 육성하고, AI 연구 개발을 촉진하며, 데이터 인프라를 확충하는 정책을 포함한다.

넷째, 글로벌 데이터 협력 정책은 국가 간 데이터 이동 및 협력을 위한 표준화 정책과 국제 협정을 마련하는 것을 의미한다.

전략과 정책의 상호관계

상호관계

국가와 기업의 데이터 전략 및 정책은 각각의 목표에 따라 우선순위를 두고 있으며, 서로 밀접한 영향을 주고받는다. 국가 차원에서는 데이터 주권과 사이버 안보를 최우선으로 고려하며, 이를 바탕으로 공공 데이터 개방과 산업 육성, AI 윤리 등의 정책을 추진한다. 반면, 기업은 데이터 자산화를 통한 수익 창출을 우선시하며, 동시에 규제 준수, 데이터 보안, 맞춤형 서비스 제공 등의 목표를 설정하고 있다.

국가와 기업의 데이터 전략은 서로 긴밀한 관계를 맺고 있다. 국가가 데이터 보호 및 규제 정책을 강화하면 기업은 이를 준수하기 위해 내부 데이터 정책을 조정해야 한다. 예를 들어, 「GDPR」이 시행된 이후 글로벌 기업들은 개인정보 보호 정책을 전면 개편하고, 데이터 처리 방식도 변화시켰다. 반대로, 국가가 공공 데이터를 개방하고, 데이터 경제 활성화를 지원하면 기업들은 이를 활용해 혁신적인 서비스를 개발하고 새로운 시장을 창출할 수 있다.

또한 데이터 보안과 신뢰성 확보 측면에서도 국가와 기업은 상호 협력해야 한다. 국가가 사이버 안보 전략을 수립하면 기업들도 이에 맞춰 보안 체계를 강화하고 협력할 필요가 있으며, 반대로 기업들이 자체적인 보안 기술을 개발해 사이버 위협에 대응하는 경우, 국가 차원에서도 이를 정책적으로 지원할 수 있다.

국가와 기업은 데이터 정책과 전략을 조율하면서 상호 이익을 극대화하는 방향으로 협력해야 하며, 특히 글로벌 데이터 경쟁이 심화하는 상황에서 국가와 기업 간의 긴밀한 협력이 더욱 중요한 요소로 작용할 것이다.

시너지 효과

데이터 전략과 데이터 정책은 각각 다른 역할을 수행하지만, 상호 보완적인 관계를 이루며 조화를 이룰 때 시너지 효과를 극대화할 수 있다. 데이터 전략은 장기적인 목표와 방향성을 설정하는 반면, 데이터 정책은 이를 실행하기 위한 세부적인 규칙과 절차를 정한다. 따라서 데이터 전략이 효과적으로 실행되기 위해서는 정책이 강력한 기반이 되어야 하며, 정책이 실효성을 가지려면 전략적 목표와 일치해야 한다. 기업과 국가가 데이터 전략과 정책을 유기적으로 결합할 경우, 데이터 활용의 효율성이 극대화되고, 보안과 규제 준수를 보장하면서도 혁신적인 데이터 활용이 가능해진다.

07
데이터 거버넌스

데이터 거버넌스는 조직 내에서 데이터를 효과적으로 관리하고 보호하기 위한 체계를 의미한다. 이는 데이터의 품질, 보안, 접근성, 표준화를 유지하는 동시에 법적 및 윤리적 요구 사항을 준수하도록 하는 역할을 한다. 특히 AI 기술의 발전과 데이터 기반 의사 결정이 중요해짐에 따라 데이터 거버넌스의 필요성은 더욱 커지고 있다.

AI와 운동주?

거버넌스

거버넌스(Governance)는 조직의 목표를 달성하기 위해 권한, 책임, 의사 결정 과정을 명확히 정의하고 관리하는 체계를 의미한다. 이는 조직 내에서 자원과 의사 결정이 어떻게 이뤄지는지를 규명하며, 다양한 이해관계자들 간의 상호작용과 협력을 통해 조직의 목표를 효과적으로 실현하는 과정이다. 거버넌스의 핵심은 책임성, 투명성, 공정성이다. 조직의 목표 달성을 위해 올바른 사람에게 권한을 부여하고, 그들이 어떻게 행동할지에 대해 명확한 기준을 마련하는 것이 중요하다. 또한 거버넌스는 법적, 윤리적, 사회적 책임을 고려한 의사 결정을 내리도록 유도하며, 운영의 효율성과 지속 가능성을 보장하는 역할을 한다.

데이터 거버넌스

데이터 품질 관리

데이터 품질은 데이터 거버넌스의 핵심이다. 정확하고 일관된 데이터는 올바른 의사 결정과 분석을 가능하게 하며, 데이터 오류나 부정확한 정보는 잘못된 결정을 초래할 수 있다. 따라서 데이터 품질 관리 없이는 데이터의 가치가 떨어지고, 조직의 성과에 부정적인 영향을 미칠 수 있다.

데이터 품질 관리는 데이터 거버넌스에서 가장 중요한 부분으로, 데이터를 정확하고 일관되게 유지하는 것을 목표로 한다. 데이터의 품질이 높을수록 그 데이터를 바탕으로 내린 의사 결정의 정확성도 보장된다. 데이터 품질 관리는 데이터의 정확성, 일관성, 유효성, 완전성 등을 보장하는 여러 가지 절차와 규칙을 포함한다. 예를 들어, 데이터의 정합성을 유지하기 위해서는 데이터가 오류 없이 입력되고, 중복된 항목이 제거되며, 모든 필드가 적절한 값으로 채워져야 한다. 또한 데이터 수집 과정에서부터 검증을 통해 불필요한 데이터 오류나 왜곡을 미리 방지할 수 있다. 데이터 품질 관리는 지속적인 모니터링을 통해 데이터를 정기적으로 점검하고, 오류를 수정하는 절차도 포함된다.

데이터 보안 및 개인정보 보호

데이터가 디지털 환경에서 저장되고 공유됨에 따라 데이터 보안은 매우 중요한 문제다. 개인정보 유출, 해킹 등의 사고는 기업의 신뢰성에 심각한 영향을 미치고, 법적 책임을 초래할 수 있다. 따라서 데이터 보호는 데이터 거버넌스의 필수 요소로 다뤄져야 한다.

데이터 보안 및 개인정보 보호는 데이터 거버넌스에서 중요한 역할을 한다. 디지털화된 데이터는 해킹이나 유출 등의 위협에 노출될 수 있으며, 이에 대한 적절한 보호 조치가 없다면 심각한 법적 책임과 평판의 손상을 초래할 수 있다. 이를 위해 데이터 보안은 암호화, 접근 제어, 인증 시스템 등을 통해 강화된다. 민감한 데이터나 개인정보는 반드시 암호화해 외부의 공격으로부터 보호해야 한다. 또한 데이터에 대한 접근 권한을 제한해 불필요한 사용자나 시스템이 민감한 데이터에 접근하는 일이 없도록 해야 한다. 개인정보 보호는 법적 규제를 준수하는 것이 필수적이며, 일반 데이터 보호 규정(GDPR, General Data Protection Regulation)」이나 「캘리포니아 소비자 개인정보 보호법」(CCPA, California Consumer Privacy Act) 같은 개인정보 보호법을 준수해 데이터의 수집, 저장, 처리, 공유 방식이 법적 요구를 충족하도록 관리한다.

데이터 접근 제어

모든 사용자가 모든 데이터에 접근할 수 있는 것은 아니다. 데이터의 민감도와 중요성에 따라 접근 권한을 관리해야 한다. 적절한 데이터 접근 제어 없이는 데이터 유출이나 오용의 위험이 커지므로, 철저한 관리가 필요하다.

데이터 접근 제어는 데이터 거버넌스의 핵심적인 요소로, 데이터를 적절하게 관리하고 보호하기 위해 필요한 절차다. 데이터는 민감도에 따라 다르게 취급해야 하며, 모든 사용자가 모든 데이터에 접근할 수 있도록 허용하는 것은 위험하다. 데이터 접근 제어는 특정 역할을 가진 사용자만 특정 데이터에 접근할 수 있도록 제한하는 방식으로 이뤄진다. 예를 들어, 데이터 관리자나 분석가는 중요한 데이터를 볼 수 있지만, 일반 직원은 접근할 수 없도록 해 데이터를 보호할 수 있다. 이를 위해 조직은 역할 기반 접근 제어(RBAC) 시스템을 도입해 각 사용자에게 필요한 최소한의 권한만을 부여하고, 접근 로그를 기록해 누구든지 언제, 어떤 데이터에 접근했는지를 추적할 수 있도록 해야 한다. 데이터 접근 제어는 보안 사고를 미연에 방지하고, 데이터 오용을 막는 중요한 역할을 한다.

데이터 표준화

조직 내 다양한 시스템과 부서에서 데이터를 다룰 때, 일관된 표준을 적용하지 않으면 데이터가 서로 호환되지 않거나 해석에 차이가 생길 수 있다. 데이터 표준화는 이러한 문제를 해결하고, 데이터를 효율적으로 활용하기 위한 필수적인 과정이다.

데이터 표준화는 다양한 출처에서 수집된 데이터를 일관되게 유지하고 활용하기 위한 중요한 과정이다. 조직 내 다양한 부서나 시스템에서 데이터를 다룰 때, 데이터 형식이나 구조가 상이하면 데이터 통합이나 분석 과정에서 문제가 발생할 수 있다. 이를 해결하기 위해 데이터 표준화는 데이터 형식, 코드, 단위, 날짜 및 시간 형식 등을 일관되게 정의하고 적용하는 작업을 포함한다. 예를 들어, 날짜 형식이 'YYYY-MM-DD'로 표준화되면, 데이터베이스 내 모든 날짜 데이터가 일관된 형식으로 저장되므로 분석이나 조회가 용이해진다. 또한 메타데이터를 관리하고 정의해 데이터의 의미와 구조를 일관되게 유지하는 것이 중요하다. 데이터 표준화는 데이터가 시스템 간에 원활하게 전송되고, 다양한 환경에서 재사용될 수 있도록 하는 데 중요한 역할을 한다.

데이터 책임성

데이터 거버넌스를 효과적으로 실행하기 위해서는 데이터의 관리 책임자가 명확히 정의되어야 한다. 데이터의 책임자가 누구인지, 그리고 각자의 책임 범위가 무엇인지를 분명히 하지 않으면 데이터 관리가 흐트러지거나 무책임하게 될 수 있다.

데이터 책임성은 데이터 거버넌스에서 누가 데이터를 관리하고 책임질 것인지를 정의하는 중요한 요소다. 데이터는 조직 내 여러 부서나 개인에 의해 사용되고 관리되므로, 각 데이터의 소유자와 책임자가 명확히 정의되어야 한다. 데이터 소유자는 데이터의 품질, 보안, 사용 권한 등에 대한 책임을 지며, 데이터가 적절하게 관리되고 있는지 감시한다. 또한 데이터 책임자는 문제가 발생했을 때 해결책을 제시하고, 해결을 위한 구체적인 절차를 마련해야 한다. 데이터 책임성은 데이터의 관리뿐만 아니라, 데이터 관련 의사 결정 과정에서 책임을 지는 사람을 명확히 해 거버넌스의 투명성과 신뢰성을 높이는 데 기여한다. 데이터 관리의 책임이 분명히 정의되지 않으면 데이터 품질이나 보안에 대한 의도치 않은 소홀함이 발생할 수 있다.

데이터 정책과의 관계

데이터 거버넌스는 데이터 정책(data policy)을 실현하는 구체적인 방법론이다. 데이터 정책은 조직에서 데이터를 어떻게 처리하고 활용할 것인지에 대한 전반적인 지침과 규정을 포함하는 공식적인 문서로, 데이터의 사용과 관련된 법적, 윤리적, 기술적 요구 사항을 명확히 한다. 예를 들어, 데이터 정책은 데이터의 수집, 저장, 분석, 공유 및 폐기에 관한 원칙을 수립하며, 개인정보 보호, 데이터 보안, 접근 권한 관리 등의 문제를 포함한다.

데이터 정책은 일반적으로 원칙이나 목표를 설정하는 데 그치고, 이를 실현하기 위한 구체적인 방법은 데이터 거버넌스에서 제시된다. 데이터 거버넌스는 데이터 정책의 지침을 바탕으로 실제 운영 과정에서 적용할 수 있는 절차와 규칙을 정의하고, 이를 실행 가능한 형태로 만들어 나간다. 예를 들어, 데이터 정책에서 데이터는 안전하게 관리되어야 한다는 원칙을 제시하면, 데이터 거버넌스는 이를 실현하기 위한 보안 프로토콜, 접근 제어 방법, 데이터 암호화 등의 구체적인 절차를 정의한다.

데이터 거버넌스는 AI 기술과도 밀접한 관련이 있다. AI 시스템이 신뢰할 수 있는 데이터를 기반으로 작동하기 위해서는 데이터 거버넌스가 체계적으로 이뤄져야 하며, 데이터 편향 및 오류를 방지하기 위한 규칙이 필요하다. 따라서 데이터 거버넌스는 AI의 윤리적 활용과 법적 책임을 확보하는 중요한 역할을 수행한다. 조직이 데이터 정책을 효과적으로 실행하기 위해서는 강력한 데이터 거버넌스 체계를 구축해야 하며, 이를 통해 데이터 활용의 효율성을 높이고 법적 리스크를 최소화할 수 있다. 따라서 데이터 거버넌스는 데이터 정책의 실행을 담당하는 중요한 요소로, 데이터의 사용이 조직의 목표와 일치하도록 보장하는 역할을 한다. 데이터 정책이 설정한 규칙과 기준을 실제로 준수하도록 하고, 데이터 관리와 활용이 효율적이며 법적 요구 사항을 충족하도록 돕는 것이다.

08
데이터 사이언스와 CDO

데이터 사이언스는 방대한 데이터를 분석하고 패턴을 발견해 의사 결정을 지원하는 학문이자 기술 분야로, 머신 러닝, 통계 분석, 데이터 시각화 등의 기법을 활용해 인사이트를 도출한다. 이를 통해 기업은 데이터 기반 의사 결정을 강화하고, 비즈니스 효율성을 극대화할 수 있다.

AI와 한의학?

데이터 사이언스

데이터 사이언스는 데이터를 다루는 학문이다. 통계학 등 전통적으로 데이터를 다루는 학문도 포함된다. 데이터 사이언스는 데이터를 분석하고 모델링해 유의미한 인사이트를 도출하는 학문이자 기술 영역이다. 이처럼 데이터 사이언스는 기술적인 활용을 통해 보다 심도 깊은 데이터의 속성을 파악할 수 있다는 점에서 긍정적이다.

학문적 성과

무엇보다, 데이터 사이언스는 현대 사회에서 필수적인 학문 분야로 자리 잡았다. 이는 방대한 양의 데이터를 효과적으로 수집, 분석, 활용하는 방법을 연구하는 학문으로, 통계학, 컴퓨터과학, 인공지능, 데이터베이스 이론, 경제학, 심리학 등의 여러 분야가 결합된 다학제적 연구 영역이다. 데이터 사이언스의 핵심 목표는 데이터를 기반으로 의미 있는 패턴과 인사이트를 도출하고, 이를 통해 실질적인 문제를 해결하는 것이다. 이를 위해 데이터 사이언스는 통계적 기법, 머신 러닝 알고리즘, 데이터 엔지니어링 기술을 활용해 데이터를 수집하고 정제한 후, 모델링 및 분석을 수행한다.

데이터 사이언스는 오랜 기간 다양한 학문과 기술의 발전을 통해 형성되어 왔다. 초기에는 통계학을 중심으로 데이터를 분석하고 해석하는 연구가 진행되었으며, 이후 데이터 마이닝 기술이 등장하면서 대량의 데이터를 효과적으로 처리하는 방법론이 발전했다. 2000년대 이후 머신 러닝과 인공지능 기술이 급속도로 발전하면서, 데이터에서 패턴을 자동으로 학습하는 기법이 도입되었고, 이러한 기술적 진보는 데이터 사이언스를 독립된 학문으로 정착시키는 계기가 되었다. 특히 빅데이터 기술과 클라우드 컴퓨팅의 등장으로 대규모 데이터를 보다 정교하게 분석할 수 있는 환경이 조성되었으며, 이를 통해 다양한 산업과 연구 분야에서 데이터 기반 의사결정이 이뤄질 수 있게 되었다.

데이터 사이언스의 핵심 요소

데이터 사이언스의 연구는 여러 핵심 요소로 구성된다. 우선, 수리적 기초가 필수적으로 요구되며, 선형대수, 확률론, 최적화 이론 등의 수학적 지식이 데이터 분석의 이론적 기반을 제공한다. 또한 통계학과 머신 러닝 기법을 활용해 데이터에서 의미 있는 정보를 추출하고 패턴을 예측하는 모델을 개발한다. 데이터 엔지니어링 역시 중요한 요소 중 하나로, 데이터베이스 설계, 데이터 정제, ETL(Extract, Transform, Load. 추출, 변환, 로드) 프로세스 등을 통해 데이터를 효율적으로 관리하는 것이 필요하다. 더불어, 알고리즘 최적화, 소프트웨어 개발 등의 컴퓨터과학 기술도 데이터 사이언스 연구에 필수적이다. 마지막으로, 특정 산업(의료, 금융, 법률 등)과 관련된 도메인 지식이 데이터 분석의 실제 적용 가능성을 높이는 중요한 요소로 작용한다.

주요 성과

데이터 사이언스가 이룩한 주요 성과 중 하나는 머신 러닝과 인공지능 기술의 발전이다. 심층 신경망(Deep Neural Networks)은 이미지 인식, 자연어 처리 등의 분야에서 획기적인 성능 향상을 이루었으며, 강화 학습을 기반으로 한 AI 시스템은 바둑, 게임 등의 영역에서 인간을 초월하는 성과를 달성했다. 또한 최근에는 생성형 AI(Generative AI)가 발전하면서, 텍스트 생성, 이미지 생성, 음악 작곡 등 다양한 창작 영역에서도 데이터 사이언스의 영향력이 확장되고 있다.

이와 함께, 빅데이터 분석 기법의 발전은 기후 변화 예측, 유전체 분석, 금융 리스크 분석 등 다양한 분야에서 활용되고 있다. 기후 변화 예측에서는 대량의 기상 데이터를 분석해 기후 패턴을 정밀하게 예측할 수 있으며, 유전체 분석에서는 DNA 시퀀싱(DNA sequencing) 데이터를 활용해 개인 맞춤형 의료 서비스를 제공하는 연구가 활발히 이뤄지고 있다. 금융 분야에서는 대규모 금융 데이터를 분석해 신용 평가 및 사기 탐지 시스템을 고도화하는 데 데이터 사이언스가 핵심적인 역할을 하고 있다.

데이터 사이언스는 데이터 기반 의사 결정을 체계화하는 데에도 중요한 역할을 한다. 예를 들어, A/B 테스트 기법을 활용해 기업의 마케팅 전략을 최적화할 수 있으며, 소셜 네트워크 분석을 통해 온라인상에서의 여론 동향을 실시간으로 파악할 수 있다. 또한 스마트 시티 프로젝트에서는 교통 데이터, 에너지 사용 데이터를 분석해 도시 운영을 더욱 효율적으로 관리하는 데 기여하고 있다.

그러나 데이터 사이언스의 발전과 함께 데이터 윤리 및 프라이버시 보호 문제도 중요한 연구 분야로 떠오르고 있다. 차등 개인정보 보호(Differential Privacy) 기법은 데이터 분석의 유용성을 유지하면서도 개인정보가 노출되지 않도록 보호하는 방안을 제공하며, 인공지능의 공정성(Fairness in AI)을 연구하는 과정에서는 알고리즘의 편향성을 최소화하는 다양한 방법론이 개발되고 있다. 또한 EU의 「일반 데이터 보호 규정」 같은 법적 규제가 강화되면서, 데이터 보호와 관련된 법률 연구도 활발히 진행되고 있다.

미래 방향

앞으로 데이터 사이언스 연구는 더욱 발전할 것으로 전망된다. 특히 자동화된 머신 러닝(AutoML, Automated Machine Learning) 기술의 발전은 데이터 분석 및 모델 개발 과정을 자동화하는 방향으로 나아가고 있으며, 사물인터넷(IoT)과 에지 컴퓨팅 기술이 결합되어 실시간 데이터 분석이 더욱 정교해질 것으로 기대된다. 또한 양자 컴퓨팅(Quantum Computing)의 발전은 데이터 분석 속도를 획기적으로 향상해 데이터 사이언스의 새로운 패러다임을 열 가능성이 있다.

데이터 사이언스는 다양한 학문적 배경을 기반으로 발전해 온 다학제적 연구 분야이며, 빅데이터 분석, 인공지능, 데이터 기반 의사 결정 등의 성과를 통해 현대 사회에서 핵심적인 역할을 하고 있다. 하지만 데이터 윤리 및 개인정보 보호 문제에 대한 지속적인 연구가 필요하며, 기술적 발전과 함께 법적 · 사회적 고려도 병행되어야 한다. 이러한 점을 고려할 때, 데이터 사이언스는 단순한 기술적 접근을 넘어 사회적 가치와 윤리적 책임을 포함하는 종합적인 학문으로서 더욱 중요성을 가지게 될 것이다.

데이터 사이언티스트

데이터 사이언티스트의 역할

데이터 사이언티스트(Data Scientist)는 데이터를 활용해 복잡한 문제를 해결하고, 조직이 보다 효율적인 의사결정을 내릴 수 있도록 지원하는 전문가다. 단순한 데이터 분석가(Data Analyst)와 달리, 머신 러닝과 AI 기술을 활용해 데이터에서 인사이트를 도출하고, 예측 모델을 개발하는 것이 핵심 역할이다. 단순히 데이터를 다루는 것을 넘어, 기업과 조직의 목표 달성을 위해 데이터 기반 의사 결정 체계를 구축하는 역할을 수행한다.

데이터 사이언티스트는 통계학, 컴퓨터과학, 도메인 지식을 결합해 문제를 해결하며, 다양한 산업에서 데이터의 가치를 극대화하는 데 기여한다. 특히 금융, 의료, 마케팅, 공공 정책 등 데이터 활용이 중요한 분야에서 데이터 사이언티스트의 역할은 더욱 중요해지고 있다. 이처럼 데이터 사이언티스트는 비즈니스와 기술의 경계를 넘나들며, 데이터를 통해 문제를 해결하는 전략적 사고가 필요하다. 이들은 데이터 수집, 정제, 분석, 모델링, 시각화 등의 과정에서 다양한 도구와 기술을 활용하며, 분석 결과를 바탕으로 조직이 데이터 기반 결정을 내릴 수 있도록 돕는다.

데이터 사이언티스트의 주요 업무

데이터 사이언티스트는 데이터 분석과 모델 개발을 포함한 다양한 업무를 수행한다. 그 주요 업무는 다음과 같다.

① 데이터 수집 및 정제: 데이터 사이언티스트는 분석할 데이터를 수집하고 정제하는 과정을 수행한다. 원시(raw) 데이터에는 결측값(missing values), 중복 데이터, 오류가 포함될 수 있으며, 이를 정리하는 작업이 필수적이다. 또한 데이터가 분석 가능한 형식으로 변환되도록 가공하는 과정도 포함된다.

② 데이터 분석 및 패턴 탐색: 데이터에서 유의미한 패턴을 찾고, 통계적 기법을 활용해 인사이트를 도출하는 작업을 수행한다. 데이터 탐색적 분석(EDA,

Exploratory Data Analysis)을 통해 변수 간 관계를 파악하고, 이상치(outlier)를 식별하며, 데이터를 효과적으로 요약하는 것이 주요 목표다.

③ 머신 러닝 모델 개발: 데이터에서 예측 가능성을 높이기 위해 머신 러닝 모델을 설계하고 최적화한다. 지도 학습(Supervised Learning), 비지도 학습(Unsupervised Learning), 강화 학습(Reinforcement Learning) 기법을 적절히 활용해 문제를 해결한다. 또한 모델의 성능을 평가하고, 하이퍼파라미터 튜닝을 통해 최적의 결과를 도출한다.

④ 데이터 시각화 및 보고: 분석 결과를 시각적으로 표현해 데이터의 의미를 보다 쉽게 전달할 수 있도록 한다. 데이터 시각화 도구(Matplotlib, Seaborn, Tableau 등)를 활용해 그래프와 차트를 생성하며, 이를 통해 이해관계자에게 분석 결과를 효과적으로 전달한다.

⑤ 비즈니스 문제 해결: 데이터 기반 접근법을 통해 조직의 의사 결정을 지원한다. 데이터 사이언티스트는 특정 산업의 비즈니스 문제를 정의하고, 데이터를 활용해 문제를 해결하는 전략을 세운다. 예를 들어, 금융 기업에서는 신용 리스크 예측 모델을 개발하고, 전자 상거래 회사에서는 추천 시스템을 구축해 매출을 극대화할 수

있다.

데이터 사이언티스트의 역량

데이터 사이언티스트는 현대 사회에서 매우 중요한 역할을 수행하는 전문가로, 데이터 분석과 머신 러닝 기술을 활용해 기업과 조직이 직면한 다양한 문제를 해결한다. 이들은 데이터 수집, 정제, 분석, 머신 러닝 모델 개발, 시각화 및 보고 등 광범위한 업무를 담당하며, 비즈니스 및 연구 분야에서 데이터 기반 의사 결정을 지원한다.

데이터 사이언티스트가 갖추어야 할 역량은 프로그래밍 기술, 수학 및 통계학 지식, 머신 러닝 및 AI 기술, 데이터 엔지니어링, 그리고 특정 산업의 도메인 지식이다. 이러한 다양한 기술과 역량을 바탕으로, 데이터 사이언티스트는 금융, 의료, 마케팅, 공공 정책 등 다양한 분야에서 혁신적인 솔루션을 제공하고 있으며, 앞으로도 그 중요성은 더욱 커질 것으로 예상된다.

데이터 사이언티스트가 성공적으로 업무를 수행하기 위해서는 다양한 기술적, 수리적, 도메인 지식이 필요하다. 주요 역량은 다음과 같다.

① 프로그래밍 기술: 데이터 사이언티스트는 파이썬

(Python), R, SQL(Structured Query Language) 등의 프로그래밍 언어를 활용해 데이터 분석 및 머신 러닝 모델을 개발한다. 특히 판다스(Pandas), 넘파이(NumPy), 사이킷런(Scikit-Learn), 텐서플로(TensorFlow), 파이토치(PyTorch) 등의 라이브러리를 익히는 것이 필수적이다. 또한 대용량 데이터 처리를 위해 아파치 스파크, 하둡 등의 기술도 활용할 수 있다.

② 수학 및 통계학 지식: 데이터 분석의 기초가 되는 수학과 통계학 개념을 이해해야 한다. 회귀 분석, 확률론, 베이지안 통계, 최적화 기법 등은 머신 러닝 알고리즘을 적용하는 데 필수적인 개념이다.

③ 머신 러닝 및 AI 기술: 데이터 사이언티스트는 최신 머신 러닝 및 AI 기술을 적용할 수 있어야 한다. 지도 학습과 비지도 학습 모델을 구현하고, 딥 러닝(Deep Learning), 강화 학습 등의 기법을 활용해 복잡한 문제를 해결할 수 있는 능력이 필요하다.

④ 데이터 엔지니어링: 데이터베이스 및 데이터 파이프라인을 관리할 수 있는 능력도 중요하다. 데이터 사이언티스트는 SQL을 사용해 데이터베이스에서 데이터를 추출하고, ETL 과정을 통해 데이터를 가공할 수 있어야 한다. 또한 클라우드 환경[아마존 웹 서비스(AWS), 구글

클라우드(Google Cloud), 마이크로소프트 애저(Azure)]에서 데이터 분석을 수행하는 역량도 요구된다.

⑤ 도메인 지식: 데이터 분석이 특정 산업과 관련된 문제를 해결하는 데 활용되므로, 해당 산업에 대한 이해가 필수적이다. 예를 들어, 금융 데이터 분석을 수행하는 경우 신용 평가 시스템과 금융 리스크 관리 개념을 알아야 하며, 의료 데이터 분석을 수행하는 경우 전자 의무 기록(EMR) 시스템과 질병 예측 모델에 대한 이해가 필요하다.

최고 데이터 책임자

CDO의 개념과 역할

최고 데이터 책임자(CDO, Chief Data Officer)는 기업이나 조직 내에서 데이터 관련 전략을 총괄하는 최고위급 임원으로, 데이터의 수집, 관리, 분석, 보안 및 활용을 책임진다. 최근 데이터가 기업의 핵심 자산으로 부각되면서, 데이터를 효과적으로 관리하고 이를 통해 비즈니스 가치를 극대화하는 것이 CDO의 주요 역할이 되었다.

CDO는 데이터 기반 의사 결정을 촉진하고, 조직 내 데이터 거버넌스를 확립하며, 데이터 분석 및 AI 활용 전략을 수립하는 핵심 인물이다. 특히 데이터 프라이버시 보호 및 규제 준수를 위한 정책을 마련하는 것도 중요한 책임 중 하나다.

CDO의 주요 기능

CDO의 가장 중요한 역할 중 하나는 조직의 목표와 연계된 데이터 전략을 수립하고 실행하는 것이다. 기업이 보유한 데이터를 효과적으로 활용하기 위해 장기적인 로드맵을 설계하고, 데이터 기반 혁신과 경쟁력 강화를 위한 방향성을 제시한다. 또한 인공지능과 머신 러닝 기술을 도입해 데이터 분석 및 활용도를 극대화하는 전략을 마련한다.

데이터의 품질과 신뢰성을 유지하는 것도 CDO의 중요한 기능이다. 데이터가 조직 내에서 효과적으로 활용되려면 정확성과 일관성이 보장되어야 하므로, CDO는 데이터 거버넌스 체계를 수립하고 데이터 표준화 및 메타데이터 관리 방안을 마련한다. 이를 통해 데이터가 부서 간에 원활하게 공유될 수 있도록 지원하고, 데이터 사일로 문제를 해소하는 역할을 한다. 또한 CDO는 데이터 보안 및 개인정보 보호 정책을 수립해 기업이 국내외 데이터 규제를 준수할 수 있도록 한다. 예를 들어, 유럽연합(EU)의 일반 데이터 보호 규정(GDPR, General Data Protection Regulation)」이나 미국의 「캘리포니아 소비자 개인정보 보호법」(CCPA, California Consumer Privacy Act) 같은 데이터 보호 법안을 준수하기 위해 데이터 접근 권한을 설정하고, 내부적으로 윤리적 데이터 활용 가이드라인을 마련해 데이터 사용 과정에서 발생할 수 있는 위험을 최소화한다.

기업이 데이터 분석과 인공지능 기술을 적극적으로 활용할 수 있도록 촉진하는 것도 CDO의 주요 역할이다. 이를 위해 데이터 사이언티스트, 데이터 엔지니어, 비즈니스 분석가들과 협력해 AI 기반 솔루션을 개발하고, 조직의 데이터 활용 역량을 높이기 위한 교육과 훈련 프로그램을 운영한다. 이를 통해 데이터 기반 의사 결정을 조직 전반으로 확산시키고, 데이터 중심의 기업 문화를 정착시킨다.

조직 내에서 데이터 활용이 활성화되기 위해서는 데이터 리터러시 교육이 필수적이다. CDO는 전사적인 교육 프로그램을 기획하고, 직원들이 데이터 분석 결과를 이해하고 활용할 수 있도록 지원한다. 데이터가 특정 부서나 전문가들만의 전유물이 아니라, 조직 전체가 활용할 수 있는 자산이 되도록 하는 것이 핵심 목표다.

데이터의 경제적 가치를 극대화하기 위한 전략도 CDO의 중요한 역할 중 하나다. 데이터가 단순한 보조적 역할을 넘어, 새로운 비즈니스 기회를 창출하는 자산이 될 수 있도록 데이터를 활용한 신규 서비스와 제품을 개발하고, 데이터 공유 및 거래 모델을 구축하는 데 중점을 둔다. 이를 통해 데이터가 직접적인 수익 창출원으로 기능할 수 있도록 한다.

마지막으로, 데이터 기술 및 인프라 구축 또한 CDO의 책임 범위에 포함된다. 데이터가 원활하게 수집, 저장, 분석될 수 있도록 클라우드 컴퓨팅, 데이터 웨어하우스, 빅데이터 플랫폼 등의 기술을 도입하고, 최신 데이터 분석 및 인공지능 기술을 조직 내에 적용할 수 있도록 지원한다.

CDO의 역할

데이터 리터러시의 확산과 함께, CDO의 역할은 더욱 중요해지고 있다. 데이터 사이언스는 데이터를 수집하고 분석해 의미 있는 정보를 도출하는 학문이자 기술이며, CDO는 이러한 데이터를 전략적으로 관리하고 활용하는 조직 내 핵심 리더로 자리 잡고 있다.

CDO는 조직의 데이터 전략을 총괄하는 역할을 맡는

다. 단순히 데이터를 관리하는 것이 아니라, 데이터 거버넌스를 구축하고 데이터 활용을 극대화할 수 있는 정책을 수립하며, 데이터 기반 의사 결정을 촉진하는 것이 주요 임무다. 특히 데이터 보안 및 개인정보 보호 규정을 준수하면서도 데이터의 개방성과 공유를 조화롭게 조율하는 것이 중요한 과제다. 기업과 공공 기관이 데이터 중심의 혁신을 이루려면, CDO의 리더십이 필수적이며, 데이터 활용의 책임성과 효과성을 동시에 고려해야 한다.

데이터 리터러시가 조직과 사회 전반에 자리 잡기 위해서는 데이터 사이언스를 활용한 분석과 예측 능력이 필수적이며, 이를 체계적으로 운영할 수 있도록 CDO의 전략적 리더십이 뒷받침되어야 한다. 데이터는 단순한 기술적 자산이 아니라, 조직과 사회의 경쟁력을 결정짓는 핵심 요소가 되고 있으며, 이를 효과적으로 활용하기 위한 데이터 리터러시의 중요성은 앞으로 더욱 커질 것이다.

CDO는 조직이 데이터를 단순한 자원으로 보관하는 것을 넘어, 이를 전략적으로 활용해 비즈니스 가치를 창출할 수 있도록 하는 핵심 리더다. 데이터 거버넌스 구축, 보안 및 프라이버시 보호, 데이터 분석 및 AI 활용, 조직 내 데이터 문화 조성, 데이터의 경제적 가치 창출 등 다양한 기능을 수행하며, 궁극적으로 데이터 중심 조직으로의 전환을 주도한다.

디지털 전환이 가속화됨에 따라 CDO의 역할은 더욱 중요해지고 있고, 데이터 기반 혁신을 이끄는 주요 리더십 포지션으로 자리 잡아 가고 있다. 향후 데이터 및 AI 기술이 더욱 발전할수록, CDO의 역할은 더욱 확대될 것이며, 데이터 활용을 극대화하고 규제 준수를 강화하는 과정에서 조직 내 필수적인 역할을 수행하게 될 것이다.

09
데이터 민주화

데이터 문화는 회사의 개발 문화와 밀접하게 연결되며, 이를 통해 개발자나 기획자는 데이터를 기반으로 보다 풍성하고 의미 있는 결과를 도출할 수 있게 된다. 신뢰성 있는 데이터에 대한 접근은 예측의 정확성을 높이고, 유의미한 비즈니스 인사이트를 도출하는 데 중요한 역할을 한다.

AI와 화장품?

민주화

AI 민주화, 개발의 민주화 등 다양한 영역에서 민주화의 개념이 차용되고 있다. 민주화는 정치적 개념에서 비롯되어 다양한 분야로 확산되었으며, 이제는 AI, 데이터, 개발 등 여러 영역에서 차용되고 있다. 전통적으로 민주화는 권력의 분산과 평등한 접근을 의미하지만, 데이터와 AI의 민주화에서는 누구나 자유롭게 데이터를 다루고 접근할 수 있는 환경을 의미한다. 초기에는 데이터와 AI 기술이 일부 기업이나 기관에 독점적으로 운영되었지만, 점차 개방화가 이뤄져 일반 대중도 이러한 기술을 활용할 수 있게 되었다. 그러나 무제한적인 접근이 가능한 것은 아니며, 데이터 정책에 따라 권한 있는 자만 접근할 수 있도록 제한이 두어진다. 이러한 변화는 정치적 민주화와 유사하게, 데이터와 AI에 대한 접근 권한을 공정하게 나누는 방향으로 나아가고 있다. 데이터와 AI의 민주화는 기술적 장벽을 낮추고, 누구나 이를 통해 가치를 창출할 기회를 제공하는 중요한 발전이다.

데이터 접근의 민주화

데이터 접근의 민주화는 기업 내외에서 데이터에 대한 접근이 누구에게나 공평하게 이뤄지는 과정을 의미한다. 사내 데이터의 민주화는 직원들이 다양한 데이터를 활용해 의사 결정이나 업무 개선을 할 수 있도록 데이터를 개방하는 것을 말한다. 이는 직원들이 데이터에 접근해 유용한 인사이트를 도출할 수 있는 환경을 조성하며, 각 부서와 팀이 데이터 기반으로 문제를 해결할 수 있도록 한다. 반면, 외부 데이터의 민주화는 기업 외부에서 제공하는 데이터에 대한 접근을 의미한다. 공개된 외부 데이터를 활용하면 시장 동향이나 경쟁사 분석 등을 수행할 수 있어, 기업의 전략적 결정에 큰 도움이 된다. 그러나 이러한 데이터 접근은 정책에 따라 제한되며, 법적 규제와 기업의 보안 정책에 맞춰 이뤄져야 한다.

데이터 이용의 민주화

데이터 이용의 민주화는 단순히 데이터에 접근하는 것을 넘어, 데이터를 통해 다양한 결과를 창출할 기회를 모든 사람에게 보장하는 것을 의미한다. 누구나 데이터를 활용해 창의적인 아이디어를 도출하고, 실용적인 결과를 만들어 낼 수 있는 환경이 마련된다면, 자발적인 데이터 활용 문화가 형성될 수 있다. 이를 통해 조직 내외부에서 데이터의 가치를 인식하고, 어떻게 활용할 수 있을지에 대한 방안을 찾을 수 있다. 예를 들어, 데이터를 활용한 새로운 비즈니스 모델(BM)을 창출하거나, 기존 서비스를 개선할 기회를 찾을 수 있다.

데이터의 활용은 기업 내 데이터 문화의 형성과도 깊은 연관이 있다. 데이터 문화는 단순히 데이터를 다루는 방식뿐만 아니라, 데이터를 활용해 더 나은 결과를 예측하고 신뢰성을 높일 방법을 포함한다. 개발자나 기획자가 데이터에 접근함으로써, 더 풍성하고 유의미한 결과를 이끌어 낼 수 있다. 이러한 데이터 민주화(data democratization)는 기업의 개발 문화와 밀접하게 연관되어 있으며, 결과적으로 데이터 기반의 의사 결정이 더 정확하고 효과적으로 이뤄지도록 돕는다. 데이터 민주화가 진정으로 이뤄졌을 때, 기업은 데이터를 통해 더 나은 미래를 예측하고, 창의적이고 혁신적인 결과를 도출할 수 있을 것이다.

데이터 문화도 데이터에 대한 접근 문화, 활용 문화 등을 포함한다. 문화라는 개념이 추상적이지만, 기업에서의 문화는 문화 예술 영역에서의 개념과는 달리 훨씬 구체적인 수준에 이르게 된다. 그럼으로써 데이터 문화는 회사의 개발 문화와 연관되게 된다. 개발자나 기획자가 데이터에 접근함으로서 보다 풍성한 결과를 형성할 수 있게 된다. 신뢰성을 가져오고, 유의미한 결과를 예측할 수 있게 된다. 이러한 점이 데이터 민주화가 꿈꾸는 결과가 아닐까 생각된다.

데이터 문화의 형성

데이터 민주화가 이뤄질 때, 기업 내외부에서 데이터에 대한 인식과 활용 방식에 대한 문화가 형성된다. 데이터 문화는 회사의 개발 문화와 밀접하게 연결되며, 이를 통해 개발자나 기획자는 데이터를 기반으로 보다 풍성하고 의미 있는 결과를 도출할 수 있게 된다. 신뢰성 있는 데이터에 대한 접근은 예측의 정확성을 높이고, 유의미한 비즈니스 인사이트를 도출하는 데 중요한 역할을 한다. 데이터 민주화가 잘 이뤄진 기업은 데이터를 통해 더 나은 미래를 예측하고, 혁신적인 결과를 도출할 기회를 가지게 된다.

10
시사점

데이터 리터러시는 단순한 교육이나 기술적 숙련을 넘어, 모든 사람들이 데이터를 이해하고, 그 데이터를 책임감 있게 활용하는 문화로 확립하는 것이다. 데이터 리터러시가 발전하면서 우리는 데이터의 힘을 긍정적으로 활용하고, 동시에 그로 인한 사회적, 법적 문제에 대해 성숙한 해결책을 찾아가야 할 것이다.

종교와 AI?

정리

오늘날 데이터는 단순한 정보의 집합체가 아니라, 인간의 사고방식과 사회 구조를 근본적으로 바꾸는 핵심 자원으로 자리 잡고 있다. 우리는 이제 데이터를 '읽는' 수준을 넘어 그것이 갖는 맥락과 함의, 그리고 파급력을 깊이 이해하고 책임 있게 활용할 수 있는 역량, 곧 데이터 리터러시를 갖춰야 하는 시대에 살고 있다.

데이터 리터러시는 더 이상 단순한 교육이나 기술적 숙련의 문제에 그치지 않는다. 그것은 사회의 윤리적 기반과 법적 질서를 이해하는 능력, 그리고 데이터를 둘러싼 복합적인 맥락에 대한 비판적 사고와 연결되어야 한다. 특히 데이터의 편향성, 개인정보 보호, 알고리즘의 투명성과 같은 이슈는 기술적인 차원을 넘어 법적 책임과 사회적 합의가 필요한 과제다. 데이터 리터러시란 바로 그러한 문제들을 통합적으로 사고할 수 있는 문화적, 제도적 기반을 의미한다.

데이터 사일로와 조직 문화

이러한 데이터 중심의 문화가 형성되기 위해서는 조직 내부의 구조적 문제 또한 해결되어야 한다. 대표적인 예가 데이터 사일로 문제다. 이는 부서 간 단절된 데이터 흐름으로 인해 협업과 통합 분석이 저해되는 현상으로, 단순한 기술 문제를 넘어 조직 문화, 정책, 리더십 전반에 걸친 접근이 필요하다.

기술적 측면에서는 데이터 통합 플랫폼 구축, 클라우드 기반 공유 환경 조성, 표준화 및 가상화 기술의 도입이 중요하며, 정책적 측면에서는 데이터 거버넌스 체계의 확립, 협업 중심의 조직 문화 형성, 법적·윤리적 준거에 따른 데이터 관리가 요구된다. 이러한 기술과 정책의 통합적 대응이 가능할 때, 조직은 비로소 진정한 데이터 기반 의사 결정 체계를 갖추게 되고, 장기적으로 경쟁력을 확보할 수 있다.

데이터 민주화와 사회적 확장

나아가 데이터 리터러시의 확장은 개인과 조직을 넘어 사회 전체로 이어지는 데이터 민주화와 연결된다. 이는 단순히 데이터를 개방하는 것을 넘어, 모든 개인이 데이터에 접근하고 이해하며 활용할 수 있는 실질적 능력과 기회가 보장되는 사회를 뜻한다. 이러한 사회에서는 데이터의 힘이 소수의 전문 집단에 독점되지 않고, 다양한 사회 구성원이 그 가치를 공유하며 공동의 이익을 창출할 수 있다. 데이터의 공정한 활용은 디지털 사회의 포용

성과 형평성을 강화하는 핵심 동력이 될 것이다.

마무리하며

이 책의 논의는 단지 데이터 리터러시의 개념을 해설하는 데 그치지 않고, 그것이 우리 사회와 법제도, 조직 문화, 시민적 역량에 어떤 구조적 전환을 요구하는지를 조명하고자 했다. 데이터는 인간의 결정과 상호작용을 새로운 방식으로 재구성하고 있으며, 이에 대한 대응은 단순한 기술 습득이 아닌, 책임 있는 사회 구성원으로서의 성숙한 데이터 문화 형성으로 이어져야 한다. 데이터 리터러시는 궁극적으로 기술 · 법률 · 윤리 · 사회 문화가 통합된 실천적 역량이다. 이러한 통합적 관점이 모든 개인과 조직에 내재화될 때, 우리는 보다 지속 가능하고 정의로운 데이터 사회를 설계할 수 있을 것이다. 이 책은 그러한 방향을 향한 작은 발걸음이며, 이 발걸음이 더 나은 사회로 향하는 집단적 여정의 일환이 되기를 기대한다.

김윤명

작가 김윤명은 디지털정책연구소(DPI) 소장이다. 남도의 니르바나, 땅끝 해남에서 태어났다. 광주 인성고와 전남대 문헌정보학과를 졸업하고, 경희대에서 지식재산법을 전공하여 박사학위를 받았다. 현재는 세종사이버대에서 정보보호학을 공부하고 있다.

그는 네이버 정책수석을, 소프트웨어정책연구소(SPRi)에서 소프트웨어와 인공지능 법제 연구를, 국회에서는 보좌관으로 입법과 정책을 다루었다. 이재명 경기도지사 캠프와 인수위인 새로운경기위원회에서, 그리고 이재명 대통령후보(20대, 21대) 캠프에서 활동했다. 대통령소속 국가지식재산위원회 AI-IP 특위에서 AI 시대에 변화하는 지식재산의 지형을 함께 그렸다. 경희대학교 법무대학원에서 인공지능법을, 전남대학교 데이터사이언스대학원 데이터사이언스 법과 윤리를 강의하며 다음 세대를 준비하고 있다.

사유하고 질문하고 기록하는 일은 그의 일상이다. 《블랙박스를 열기 위한 인공지능법》은 교육부 우수학술도서로, 《게임법》, 《게임서비스와 법》, 《인터넷서비스와 저작권법》은 문화체육관광부 세종도서(우수학술도서)로 선정되었다. 2025년 7월에 나온 《모두의 AI》는 이재명 정부가 추구하는 '모두의 AI'와 이를 통해 실현하고자 하는 'AI 기본사회'의 가치와 이념이 담겨 있다.

그는 시를 짓고 사진을 찍는다. 두 아이들의 강하중학교에서 발간한 시집 《나에겐 비도 맛있다》에 몇 편의 시를 담았다. 아내와 아이들, 그리고 시고르자브종 리카와 밴, 동네 골목, 바람과 하늘, 꽃과 나무 등 세상의 모든 숨결이 그의 렌즈에 깃든다. 사람들의 짠하고도 아심찬한 풍경을 기록한다. 시집을 내고, 사진 갤러리를 여는 것이 꿈이기도 하다.

또한 집 안에 '도서관N'을 세웠다. 정사서 1급 자격증을 가지고 있지만, 도서관장은 아내이다. N은 네이버와 한게임의 합병법인 NHN(Next Human Network)에서 따온 Next를 의미한다. "도서관엔(N) 뭐가 있을까? 도서관엔(N) 길이 있지! 도서관 다음엔(N) 뭘 만들지?" 이런 장난스러운 물음 속에 세상을 향한 다음 걸음을 품는다. 언젠가 모두를 위한 더 큰 도서관N을 짓겠다는 꿈을 품고 있다.

그는 다시 길을 내려 하고 있다.

AI를 비롯한 디지털 법제와 정책을 연구하기 위해 디지털정책연구소(Digital Policy Institute)를 세웠다. 그와의 인연은 digitallaw@naver.com을 통해 이어질 것이다.